" 매일 성장하는 **초등 자기개발서** "

완자

공부력

Q 왜 공부력을 키워야 할까요?

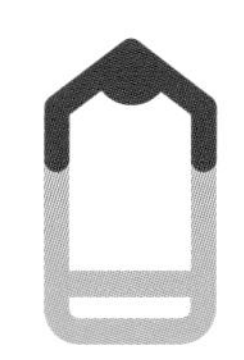

쓰기력

정확한 의사소통의 기본기이며 논리의 바탕

연필을 잡고 종이에 쓰는 것을 괴로워한다!
맞춤법을 몰라 정확한 쓰기를 못한다!
말은 잘하지만 조리 있게 쓰는 것이 어렵다!
그래서 글쓰기의 기본 규칙을 정확히 알고
써야 공부 능력이 향상됩니다.

어휘력

교과 내용 이해와 독해력의 기본 바탕

어휘를 몰라서 수학 문제를 못 푼다!
어휘를 몰라서 사회, 과학 내용 이해가 안 된다!
어휘를 몰라서 수업 내용을 따라가기 어렵다!
그래서 교과 내용 이해의 기본 바탕을
다지기 위해 어휘 학습을 해야 합니다.

독해력

모든 교과 실력 향상의 기본 바탕

글을 읽었지만 무슨 내용인지 모른다!
글을 읽고 이해하는 데 시간이 오래 걸린다!
읽어서 이해하는 공부 방식을 거부하려고 한다!
그래서 통합적 사고력의 바탕인 독해 공부로
교과 실력 향상의 기본기를 닦아야 합니다.

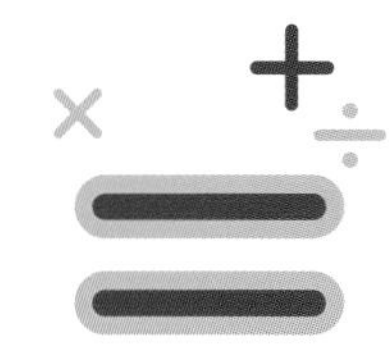

계산력

초등 수학의 핵심이자 기본 바탕

계산 과정의 실수가 잦다!
계산을 하긴 하는데 시간이 오래 걸린다!
계산은 하는데 계산 개념을 정확히 모른다!
그래서 계산 개념을 익히고 속도와 정확성을
높이기 위한 훈련을 통해 계산력을 키워야 합니다.

세상이 변해도
배움의 즐거움은
변함없도록

시대는 빠르게 변해도
배움의 즐거움은
변함없어야 하기에

어제의 비상은
남다른 교재부터
결이 다른 콘텐츠
전에 없던 교육 플랫폼까지

변함없는 혁신으로
교육 문화 환경의 새로운 전형을
실현해왔습니다.

비상은 오늘, 다시 한번
새로운 교육 문화 환경을 실현하기 위한
또 하나의 혁신을 시작합니다.

오늘의 내가 어제의 나를 초월하고
오늘의 교육이 어제의 교육을 초월하여
배움의 즐거움을 지속하는 혁신,

바로, 메타인지 기반 완전 학습을.

상상을 실현하는 교육 문화 기업 비상

메타인지 기반 완전 학습

초월을 뜻하는 meta와 생각을 뜻하는 인지가 결합한 메타인지는
자신이 알고 모르는 것을 스스로 구분하고 학습계획을 세우도록 하는
궁극의 학습 능력입니다. 비상의 메타인지 기반 완전 학습 시스템은
잠들어 있는 메타인지를 깨워 공부를 100% 내 것으로 만들도록 합니다.

한자 카드

카드를 활용하여 이 책에서 배운 한자와 어휘를 복습해 보세요.

※ 점선을 따라 뜯어요.

점선을 따라 자르세요.

해 년

학년(學年) | 내년(來年)
매년(每年) | 연세(年歲)

visang

사이 간

시간(時間) | 인간(人間)
간격(間隔) | 야간(夜間)

visang

때 시

시각(時刻) | 시계(時計)
시기(時期) | 동시(同時)

visang

올 래

미래(未來) | 유래(由來)
장래(將來) | 전래(傳來)

visang

세상 세

세계(世界) | 세상(世上)
세기(世紀) | 후세(後世)

visang

주인 주

주인(主人) | 주장(主張)
민주(民主) | 주인공(主人公)

visang

물을 문

문제(問題) | 질문(質問)
문답(問答) | 문안(問安)

visang

글월 문

문자(文字) | 문장(文章)
문화(文化) | 감상문(感想文)

visang

말씀 화

전화(電話) | 통화(通話)
수화(手話) | 동화(童話)

visang

말씀 어

언어(言語) | 국어(國語)
단어(單語) | 외래어(外來語)

visang

점선을 따라 자르세요.

※ 점선을 따라 뜯어요.

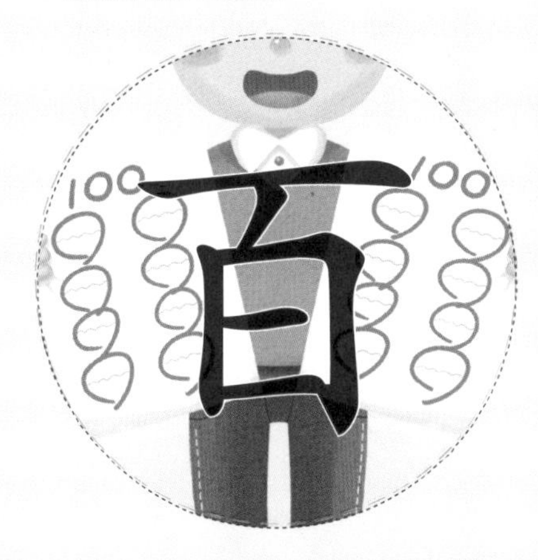

점선을 따라 자르세요.

셈 수

수학(數學) | 개수(個數)
소수(少數) | 점수(點數)

visang

일만 만

천만(千萬) | 만세(萬歲)
만물(萬物) | 만능(萬能)

visang

일백 백

백일(百日) | 백성(百姓)
백화점(百貨店)
백과사전(百科事典)

visang

무거울 중

체중(體重) | 중요(重要)
소중(所重) | 존중(尊重)

visang

곧을 직

직선(直線) | 직접(直接)
직진(直進) | 솔직(率直)

visang

백성 민

민족(民族) | 민속(民俗)
민원(民願) | 원주민(原住民)

visang

사랑 애

애정(愛情) | 애착(愛着)
애국심(愛國心)
애장품(愛藏品)

visang

나라 한

한옥(韓屋) | 한복(韓服)
한국인(韓國人)
한반도(韓半島)

visang

긴 장

장화(長靴) | 성장(成長)
장점(長點) | 장수(長壽)

visang

시장 시

시장(市場) | 도시(都市)
시내(市內) | 시청(市廳)

visang

점선을 따라 자르세요.

완자

공부력

초등 전과목

한자 어휘 2B

초등 전과목 한자 어휘 1A-2B 구성

한자 학습

1A	日 날 일	月 달 월	火 불 화	水 물 수	木 나무 목
	金 쇠 금	土 흙 토	天 하늘 천	地 땅 지	人 사람 인
	父 아버지 부	母 어머니 모	入 들어갈 입	門 문 문	家 집 가
	上 위 상	中 가운데 중	下 아래 하	大 큰 대	小 작을 소
1B	手 손 수	口 입 구	面 얼굴/겉 면	心 마음 심	力 힘 력
	學 배울 학	生 날 생	教 가르칠 교	室 집 실	先 먼저 선
	青 푸를 청	白 흰 백	山 산 산	草 풀 초	花 꽃 화
	東 동쪽 동	北 북쪽 북	正 바를 정	平 평평할 평	方 모/방향 방
2A	秋 가을 추	冬 겨울 동	名 이름 명	食 먹을/밥 식	物 물건 물
	前 앞 전	內 안 내	外 바깥 외	子 아들 자	老 늙을 로
	自 스스로 자	立 설 립	空 빌 공	氣 기운 기	海 바다 해
	安 편안할 안	全 온전할 전	活 살 활	車 수레 차	道 길 도
2B	時 때 시	間 사이 간	年 해 년	世 세상 세	來 올 래
	文 글월 문	問 물을 문	主 주인 주	語 말씀 어	話 말씀 화
	百 일백 백	萬 일만 만	數 셈 수	直 곧을 직	重 무거울 중
	韓 나라 한	愛 사랑 애	民 백성 민	市 시장 시	長 긴 장

중요 한자를 학습하고, 한자에서 파생된
전과목 교과서 어휘의 실력을 키워요!

교과서 어휘 학습

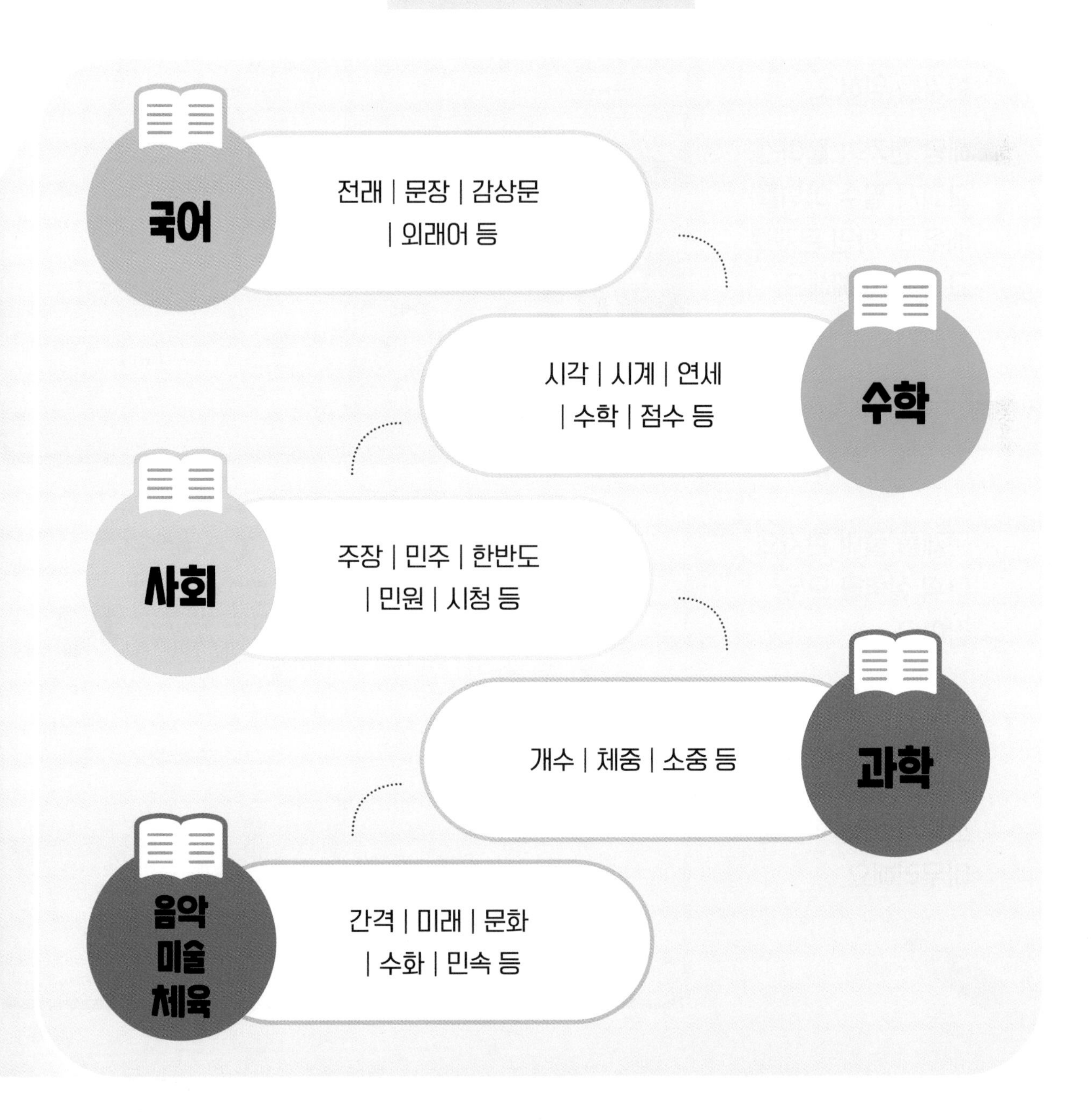

특징과 활용법

하루 4쪽 공부하기

* 그림과 간단한 설명으로 오늘 배울 한자를 익혀요.
* 해당 한자가 들어간 교과서 필수 어휘를 배우고, 확인 문제로 그 뜻을 이해해요.

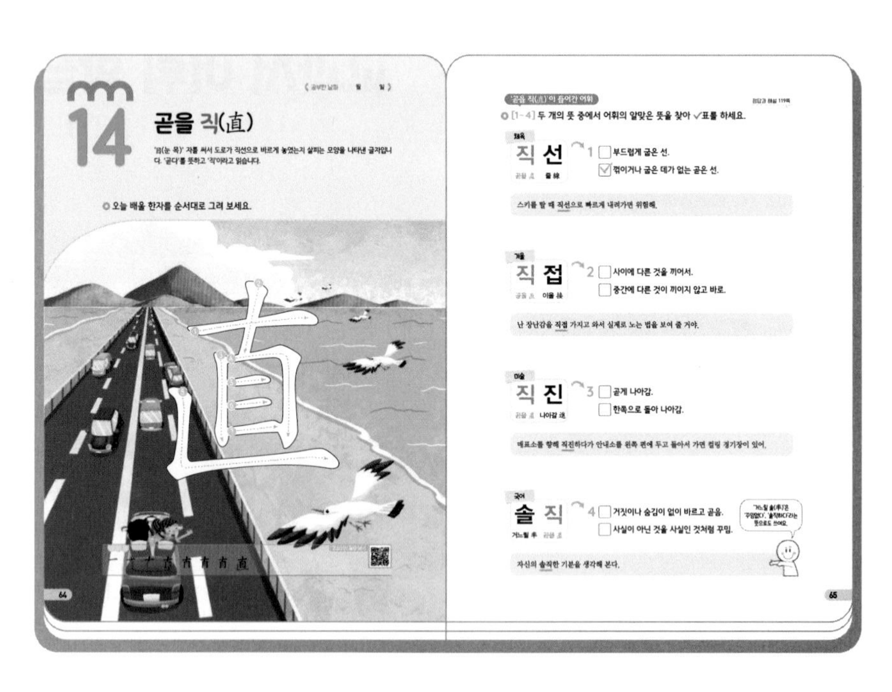

* 문제를 풀며 한자와 어휘 실력을 모두 잡아요.
* 배운 어휘를 직접 사용해 보며 표현력을 기르고, 한자를 쓰면서 오늘 학습을 마무리해요.

문제로 어휘力 높여요

1 밑줄 친 말에 해당하는 한자(漢字)를 고르세요.

대나무처럼 곧게 뻗은 길을 따라가다 보면 작은 마을이 나타나요.

① 日 ② 目 ③ 自 ④ 白 ⑤ 直

2 밑줄 친 말과 뜻이 비슷한 어휘에 ○표를 하세요.

이 길을 따라 앞으로 곧게 나아가다 보면 문구점이 나올 거야.

직진 회전 후진

3 빈칸에 알맞은 어휘를 선으로 이으세요.

1 내 숙제는 다른 사람의 도움을 받지 않고 내가 [ ] 할 거야. • • ㉠ 솔직

2 내가 잘못한 일을 숨김없이 [ ] 하게 말하고 친구에게 사과했어. • • ㉡ 직접

4 '직선(直線)'에 해당하는 그림을 찾아 괄호 안에 ✓표를 하세요.

㉠ ( ) ㉡ ( ) ㉢ ( )

66

글 쓰며 표현力 높여요

정답과 해설 119쪽

◎ '곧을 직(直)'이 들어가는 어휘를 넣어서 글을 써 보세요.

오늘 친구가 우리 집에 놀러 오기로 했어요. 그런데 친구는 우리 집에 오는 건 처음이라, 길을 잘 모르겠대요. 학교에서 출발해서 우리 집까지 오는 방법을 친구에게 설명해 주세요.

도움말 직선, 직접, 직진, 솔직 등에 '곧을 직(直)'이 들어가요.

예 학교에서 나와서 왼쪽으로 쭉 직진하다 보면 놀이터가 있어. 그 놀이터 맞은편을 보면 직선을 그어 놓은 듯 나란히 줄지어 있는 아파트가 보일 거야. 그 아파트 303호가 우리 집이야.

따라 쓰며 한자力 완성해요

直 直
곧을 직 곧을 직

67

- 책으로 하루 4쪽 공부하며, 초등 어휘력을 키워요!
- 모바일앱으로 공부한 내용을 복습하고 몬스터를 잡아요!

공부한 내용 확인하기

* 5일 동안 배운 한자가 포함된 글을 읽고, 문제를 풀면서 독해력을 키워요.
* 중요 한자성어를 실생활에서 사용할 수 있도록 배워요.
* 다양한 어휘 놀이로 5일 동안 배운 어휘를 재미있게 정리해요.

모바일앱으로 복습하기

앱 다운받기

책 인증하기

* 그날 배운 내용을 바로바로, 또는 주말에 모아서 복습하고, 다이아몬드 획득까지! 공부가 저절로 즐거워져요!

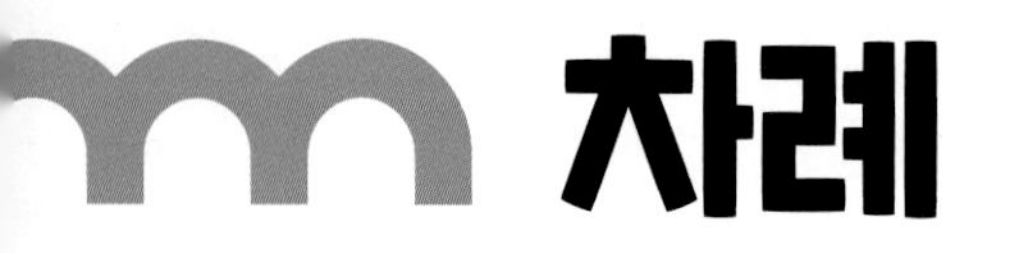

차례

한 친구가
작은 습관을 만들었어요.

매일매일의 시간이 흘러
작은 습관은 큰 습관이 되었어요.

큰 습관이 지금은 그 친구를 이끌고
있어요. 매일매일의 좋은 습관은
우리를 좋은 곳으로 이끌어 줄 거예요.

우리도
하루 4쪽 공부 습관!
스스로 공부하는 힘을
키워 볼까요?

때 시(時)

해를 뜻하는 '日(날 일)'과 '寺(절 사)'를 합한 글자로, 해가 일정한 규칙에 따라 돌아간다는 의미에서 '때'를 뜻하고 '시'라고 읽습니다.

◎ 오늘 배울 한자를 색칠해 보세요.

'때 시(時)'가 들어간 어휘

정답과 해설 104쪽

[1~4] 예문을 보고, 어휘의 뜻으로 알맞은 말을 골라 ✓표를 하세요.

수학

시각
때 時 새길 刻

시계의 시각을 나타내어 봅시다.

1 [☐ 장소 | ☑ 시간]의 어느 한 순간.

수학

시계
때 時 셀 計

시계의 긴바늘이 어떤 숫자를 가리키고 있나요?

2 [☐ 시간 | ☐ 거리]을 재거나 [☐ 시각 | ☐ 거리]을 나타내는 기계나 장치.

사회

시기
때 時 기약할 期

단오는 날씨가 더워지는 시기에 있는 명절입니다.

3 어떤 일이나 현상이 [☐ 진행되는 시점 | ☐ 지나간 다음].

가을

동시
같을 同 때 時

출발선에서 동시에 출발해요.

4 [☐ 짧은 시간 | ☐ 같은 때]나 시기.

문제로 어휘力 높여요

1 빈칸에 알맞은 어휘에 ✓표를 하세요.

시계가 나타내는 [ ][ ]은 9시 10분입니다.

☐ 시각　　☐ 시절　　☐ 시국

2 밑줄 친 어휘의 뜻을 선으로 바르게 이으세요.

1	친구와 도서관에 가서 <u>동시</u>를 읽었습니다. •	• ㉠	같은 때나 시기.
2	첫 번째 사람이 주사위 2개를 <u>동시</u>에 굴립니다. •	• ㉡	어린이가 짓거나 어린이의 마음을 읊은 시.

3 '시(時)' 자를 넣어, 빈칸에 공통으로 들어갈 어휘를 쓰세요.

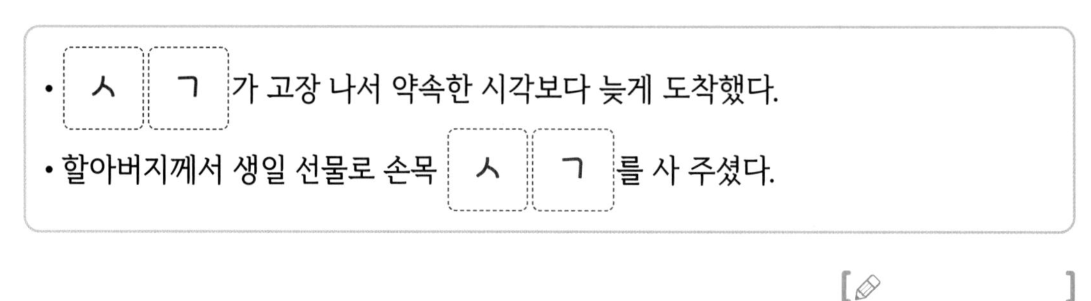

• [ㅅ][ㄱ]가 고장 나서 약속한 시각보다 늦게 도착했다.

• 할아버지께서 생일 선물로 손목 [ㅅ][ㄱ]를 사 주셨다.

[✎　　　　　]

4 다음 한자가 쓰이지 <u>않은</u> 어휘를 <u>두 개</u> 고르세요.

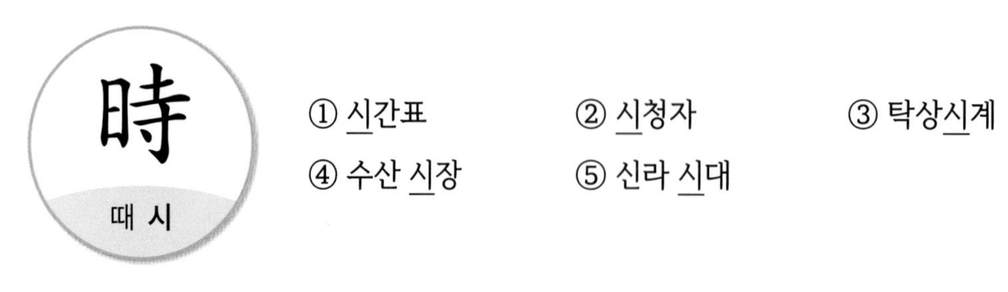

① <u>시</u>간표　　② <u>시</u>청자　　③ 탁상<u>시</u>계

④ 수산 <u>시</u>장　　⑤ 신라 <u>시</u>대

글 쓰며 표현力 높여요

정답과 해설 104쪽

'때 시(時)'가 들어가는 어휘를 넣어서 글을 써 보세요.

주변에 자주 늦잠을 자서 헐레벌떡 준비하는 사람이 있나요? 그 사람이 하루를 좀 더 여유롭게 시작할 수 있도록 잠에서 깨워 줄 물건을 사서, 간단한 편지와 함께 전달해 보세요.

도움말 시각, 시계, 시기, 동시, 시간, 시대, 시절, 시간표 등에 '때 시(時)'가 들어가요.

예 형! 중학생이 된 걸 축하해. 선물로 시계를 샀어. 일어나야 할 시간에 알람을 맞춰 두면 정확한 시각에 울릴 거야. 이제 일어나는 것과 동시에 학교로 뛰어가는 일은 없겠지? 중학생 시기를 알차게 보냈으면 좋겠어.

따라 쓰며 한자力 완성해요

오늘의 학습을 평가해 보아요. 부족함 보통임 잘함

사이 간(間)

'門(문 문)'과 '日(날 일)'을 합하여 문 사이(틈새)로 빛이 비치는 모습을 표현한 글자로, '사이'를 뜻하고 '간'이라고 읽습니다.

● 오늘 배울 한자를 점선을 이어 확인해 보세요.

'사이 간(間)'이 들어간 어휘

정답과 해설 105쪽

[1~4] 예문을 보고, 어휘의 뜻으로 알맞은 말을 골라 ✓표를 하세요.

국어

시간
때 時 사이 間

산에 버려진 쓰레기가 썩는 데는 시간이 많이 걸립니다.

1 어떤 시각에서 다른 시각까지의 [☐ 사건 | ☑ 사이].

국어

인간
사람 人 사이 間

나는 방으로 올라가서 투명 인간 책을 읽었어요. 정말이지 투명 인간처럼 되고 싶어요.

2 생각을 하고 [☐ 언어 | ☐ 꼬리]를 사용하며, 도구를 만들어 쓰고 사회를 이루어 사는 동물.

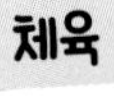

간격
사이 間 사이 뜰 隔

징검다리의 간격을 벌리면 발걸음을 크게 해야 해요.

3 공간적이나 시간적으로 [☐ 벌어진 사이 | ☐ 변함없는 관계].

사회

야간
밤 夜 사이 間

사람들이 밤에 쓰레기를 많이 버리는 곳에 야간 조명으로 경고 문구를 표시하면 어떨까요?

4 해가 [☐ 뜬 | ☐ 진] 뒤부터 먼동이 트기 전까지의 동안.

문제로 어휘力 높여요

1 빈칸에 공통으로 들어갈 어휘를 쓰세요.

- 동물과 달리 [ㅇ][ㄱ]은 언어를 사용합니다.
- [ㅇ][ㄱ]은 자연과 조화를 이루며 살아가야 합니다.

[✎]

2 밑줄 친 어휘와 바꾸어 쓸 수 있는 어휘에 ✓표를 하세요.

문화재 발굴 작업은 오랜 <u>시간</u>에 걸쳐 진행되었습니다.

☐ 겨를 ☐ 시점 ☐ 시각 ☐ 기간

3 밑줄 친 어휘의 뜻에 ✓표를 하세요.

전철이 10분 <u>간격</u>으로 역에 들어선다.

☐ 공간적으로 벌어진 사이.
☐ 시간적으로 벌어진 사이.
☐ 사람들의 관계가 벌어진 정도.

4 다음 표에서 뜻이 반대이거나 비슷한 어휘에 ○표를 하세요.

1 야간(夜間) — 반대의 뜻

주간	순간	미간

2 중간(中間) — 비슷한 뜻

중고	중앙	중상

글 쓰며 표현力 높여요

정답과 해설 105쪽

◎ '사이 간(間)'이 들어가는 어휘를 넣어서 글을 써 보세요.

늦은 밤. 곧 자야 할 시간인데, 얄궂게도 머릿속에 떡볶이, 피자, 햄버거, 아이스크림, 군만두 등이 왜 아른거릴까요? 그 이유를 적어 보세요.

 시간, 인간, 야간, 중간, 주간, 간식 등에 '사이 간(間)'이 들어가요.

예 잘 시간이 되면 몸과 마음이 풀어지기 때문에 자꾸 간식이 생각나는 것 같아요. 또 인간은 잠을 자는 중간에 아무것도 먹을 수 없으니 영양분을 얻으려는 본능일 수도 있어요.

따라 쓰며 한자力 완성해요

오늘의 학습을 평가해 보아요. 부족함 보통임 잘함

해 년(年)

'禾(벼 화)'와 '人(사람 인)'을 합한 글자로, 수확을 마치고 한 해가 마무리되었다는 의미에서 '해'를 뜻하고 '년'이라고 읽습니다.

◎ 오늘 배울 한자를 순서대로 그려 보세요.

'해 년(年)'이 들어간 어휘

정답과 해설 106쪽

[1~4] 두 개의 뜻 중에서 어휘의 알맞은 뜻을 찾아 ✓표를 하세요.

수학

학년
배울 學 해 年

1 ☐ 일 개월을 단위로 구분한 학교 교육의 단계.
☑ 일 년을 단위로 구분한 학교 교육의 단계.

2학년 때 배운 덧셈 방법을 떠올려 보세요.

국어

내년
올 來 해 年

2 ☐ 올해의 바로 이전 해.
☐ 올해의 바로 다음 해.

이제 너희도 많이 컸으니 내년엔 할아버지 생신 선물을 준비해 보아라.

국어

매년
매양 每 해 年

3 ☐ 한 해 한 해. 해마다.
☐ 다음 해를 지난 그다음 해.

여기에서는 매년 반딧불이 축제가 열립니다.

수학

연세
해 年 해 歲

4 ☐ '나이'의 높임말.
☐ '이름'의 높임말.

소미 어머니의 연세는 소미 나이의 3배입니다.

문제로 어휘力 높여요

1 왼쪽에 제시된 한자(漢字)가 쓰이지 않은 어휘를 고르세요.

① 노년　② 작년　③ 연결
④ 연세　⑤ 생년월일

2 '년(年)' 자를 넣어, 밑줄 친 곳에 알맞은 어휘를 쓰세요.

고모: 네가 올해 몇 살이지?
태호: 아홉 살이에요.
고모: 1 ㄴㄴ　이면 열 살이 되는구나. 3월에 새 2 ㅎㄴ　이 시작되면 함께 필요한 준비물을 사러 가자.

1 [ ]　2 [ ]

3 밑줄 친 어휘와 뜻이 비슷한 어휘에 ○표를 하세요.

지구의 기온이 매년 조금씩 상승하고 있습니다.

날마다　주마다　달마다　해마다

4 빈칸에 알맞은 어휘로 짝지어지지 않은 것을 고르세요.

보기
할아버지, 할머니, 부모님, 선생님 등 웃어른께는 높임말을 써야 합니다. 예를 들어, ☐ 대신 ☐(이)라고 말해야 합니다.

① 밥 - 진지　② 말 - 글자　③ 생일 - 생신
④ 이름 - 성함　⑤ 나이 - 연세

글 쓰며 표현力 높여요

정답과 해설 106쪽

○ '해 년(年)'이 들어가는 어휘를 넣어서 글을 써 보세요.

초등학교에 입학한 때가 엊그제 같은데, 어느덧 이만큼 자란 것이 신기하죠? 지난 학교생활을 되돌아보면서 내가 열심히 한 부분은 칭찬해 주고, 더 노력해야 할 부분은 무엇일지 생각해 보세요.

도움말 학년, 내년, 매년, 작년, 유년 등에 '해 년(年)'이 들어가요.

예 1학년 때에는 '학교'라는 낯선 환경이 힘들어서 유치원 시절로 돌아가고만 싶었어요. 2학년부터는 좀 더 편안한 마음으로 학교생활을 했던 것 같아요. 매년 더 나아지고 있는 나를 칭찬합니다!

따라 쓰며 한자力 완성해요

오늘의 학습을 평가해 보아요. 부족함 보통임 잘함

세상 세(世)

'十(열 십)'을 세 개 합친 30년으로 보기도 하고, 나뭇가지에 새 순이 돋는 모양을 본뜬 것으로 보기도 합니다. '세대, 인간, 세상'을 뜻하고 '세'라고 읽습니다.

오늘 배울 한자를 색칠해 보세요.

'세상 세(世)'가 들어간 어휘

정답과 해설 107쪽

[1~4] 예문을 보고, 어휘의 뜻으로 알맞은 말을 골라 ✓표를 하세요.

겨울

세계 (세상 世 / 지경 界)

세계 지도를 보며 가고 싶은 나라에 대해 이야기해 봅시다.

1 지구상의 모든 [☐ 생물 | ☑ 나라]. 또는 인류 사회 전체.

국어

세상 (세상 世 / 위 上)

꽃들도 새들도 아름답지만 세상에서 가장 아름다운 건 아이들이야.

2 사람이 [☐ 살고 있는 | ☐ 살 수 없는] 모든 사회를 통틀어 이르는 말.

미술

세기 (세상 世 / 세월 紀)

이 작품은 19세기 프랑스 도시 외곽 풍경을 그린 것입니다.

3 ① [☐ 십 년 | ☐ 백 년] 동안을 세는 단위.

② [☐ 십 년 | ☐ 백 년]을 단위로 하는 기간.

후세 (뒤 後 / 세상 世)

자연환경은 후세에게 물려줄 인류의 재산입니다.

4 ① [☐ 이전 | ☐ 다음]에 오는 세상. ② [☐ 이전 | ☐ 다음] 세대의 사람들.

문제로 어휘 力 높여요

1 밑줄 친 어휘의 뜻으로 알맞은 것에 ○표를 하세요.

내가 어른이 되면 세계에서 가장 높은 산에 가 보고 싶습니다.

지구상의 모든 나라.	우리나라의 모든 지역.	마음대로 활동할 수 있는 공간.

2 밑줄 친 어휘의 뜻으로 알맞은 것을 선으로 이으세요.

1 선생님께 세상을 사는 법을 배웠다. • • ㉠ 사람이 살고 있는 모든 사회.

2 그 가게에서는 세상 좋은 물건을 볼 수 있었다. • • ㉡ '비할 바 없이', '아주'.

3 '세(世)' 자를 넣어, 빈칸에 공통으로 들어갈 어휘를 쓰세요.

'오페라'는 17 [ㅅㄱ] 에 유럽에서 시작된 음악극으로, 문학, 무용, 미술 등이 결합된 종합 무대 예술입니다. '뮤지컬'은 19 [ㅅㄱ] 에 대중음악과 결합하며 발달한 현대 음악극의 한 형식입니다.

[ ]

4 빈칸에 '후세'를 쓰기에 어색한 문장에 ✓표를 하세요.

☐ 그분들의 희생은 [ ] 에도 길이 기억될 것입니다.

☐ 학문을 [ ] 의 수단으로 이용하는 사람도 있습니다.

☐ 선생님의 교육 철학은 [ ] 의 교육가들에게 많은 영향을 미쳤습니다.

글 쓰며 표현力 높여요

정답과 해설 107쪽

'세상 세(世)'가 들어가는 어휘를 넣어서 글을 써 보세요.

미래에 어른이 된 나를 상상해 보세요. 아이였던 내가 자라 어른이 되고 이제 내 앞에 초롱초롱한 눈망울로 나를 바라보는 아이가 있어요. 이 세상에 와 준 나의 소중한 아이에게 따뜻한 말을 건네 보세요.

도움말 세계, 세상, 후세, 세대, 세기 등에 '세상 세(世)'가 들어가요.

예 안녕? 아이야. 이 세상을 살아갈 때에는 네가 가진 능력을 믿으렴. 그러면 어려운 일을 겪더라도 잘 헤쳐 나갈 수 있을 거야. 세계 어느 곳에 가도 빛나는 네가 되길 바란다.

따라 쓰며 한자力 완성해요

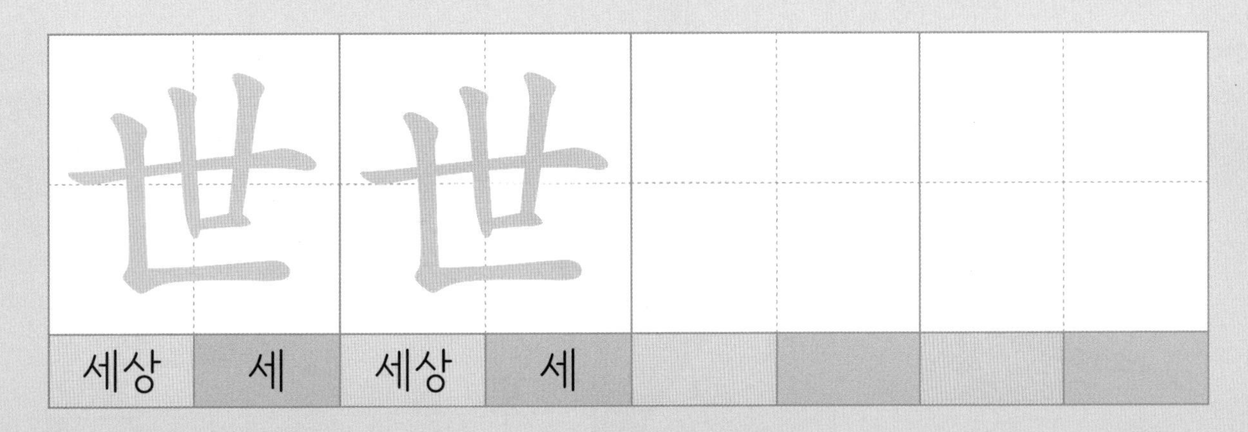

오늘의 학습을 평가해 보아요. 부족함 보통임 잘함

올 래(來)

본래 '보리'를 뜻하던 글자였으나, 곡식을 하늘이 내려 주는 것으로 여기던 옛사람들의 생각에 따라 '오다'라는 뜻으로 쓰이게 되었습니다. '래'라고 읽습니다.

오늘 배울 한자를 점선을 이어 확인해 보세요.

'올 래(來)'가 들어간 어휘

정답과 해설 108쪽

[1~4] 두 개의 뜻 중에서 어휘의 알맞은 뜻을 찾아 ✓표를 하세요.

봄

미래
아닐 未 올 來

1 ☐ 이미 지나간 때.
☑ 앞으로 올 때.

꿈을 이루기 위해서는 미래의 내 모습을 떠올려 봐요.

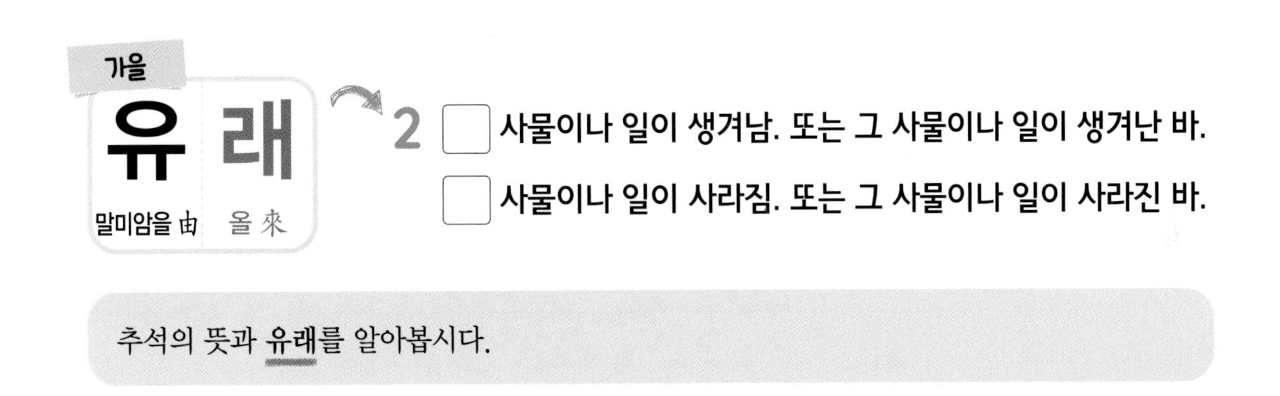

가을

유래
말미암을 由 올 來

2 ☐ 사물이나 일이 생겨남. 또는 그 사물이나 일이 생겨난 바.
☐ 사물이나 일이 사라짐. 또는 그 사물이나 일이 사라진 바.

추석의 뜻과 유래를 알아봅시다.

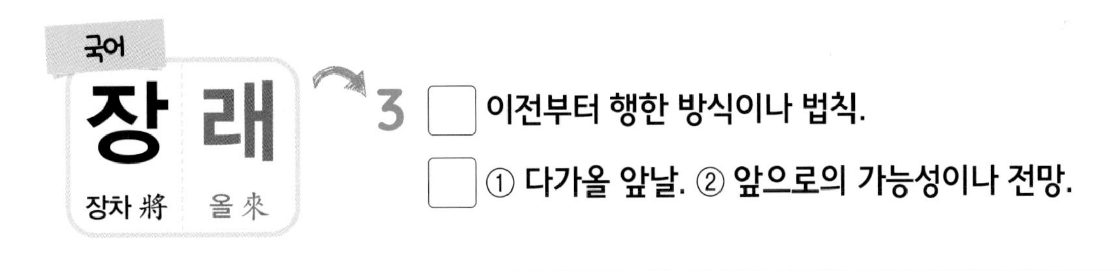

국어

장래
장차 將 올 來

3 ☐ 이전부터 행한 방식이나 법칙.
☐ ① 다가올 앞날. ② 앞으로의 가능성이나 전망.

제 동생 수빈이의 장래 희망은 화가입니다.

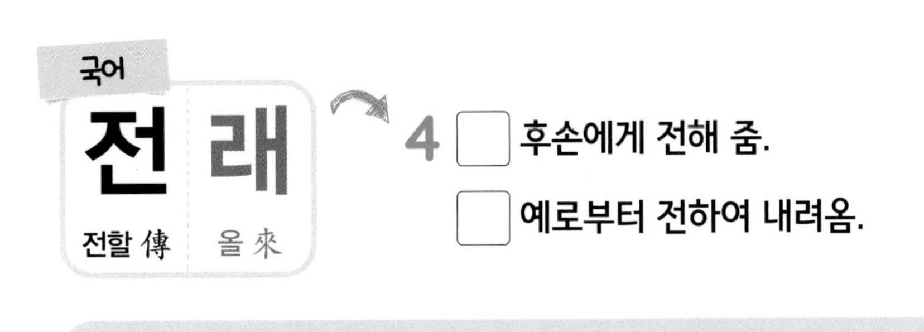

국어

전래
전할 傳 올 來

4 ☐ 후손에게 전해 줌.
☐ 예로부터 전하여 내려옴.

감각적 표현을 생각하며 전래 동요 「나무 타령」을 소리 내어 읽어 봅시다.

문제로 어휘力 높여요

1

괄호 안에서 알맞은 어휘를 골라 ○표를 하세요.

(과거 | 현재 | 미래)에 내가 무엇이 될지를 미리부터 근심할 필요가 없다. 이제의 모습을 바탕으로 오늘을 열심히 살다 보면 더 나은 (과거 | 현재 | 미래)가 기다리고 있을 것이다.

2

'래(來)' 자를 넣어, 빈칸에 공통으로 들어갈 어휘를 쓰세요.

- 단오의 [ㅇ ㄹ]를 알아보고, 친구들에게 설명해 봅시다.
- 오늘 진행한 민속 행사의 [ㅇ ㄹ]는 신라 시대로 거슬러 올라간다.

[✎]

3

밑줄 친 어휘의 뜻으로 알맞은 것을 선으로 이으세요.

1	새로운 기술의 개발로 농촌의 장래가 밝습니다.	㉠	가고 오고 함.
2	이 골목은 밤에도 사람들의 왕래가 많아 복잡합니다.	㉡	앞으로의 가능성이나 전망.

4

빈칸에 쓰기에 어색한 어휘에 ✓표를 하세요.

이 지역의 전래 [ ]를 알아봅시다.

☐ 동요 ☐ 민요 ☐ 동화 ☐ 영화

글 쓰며 표현力 높여요

정답과 해설 108쪽

‘올 래(來)’가 들어가는 어휘를 넣어서 글을 써 보세요.

미래에 내가 좋아하는 일을 하며 재밌게 살아가려면 어떻게 해야 할까요? 내가 꿈꾸는 모습이 되려면 지금부터 노력해야 한대요. 여러분의 꿈과, 꿈을 이루기 위해 노력해야 할 점을 알려 주세요!

도움말 미래, 장래, 도래, 내일, 내년 등에 ‘올 래(來)’가 들어가요.

예 저는 장래에 홈런을 잘 치는 타자가 되고 싶어요. 지금의 노력이 차곡차곡 쌓여서 미래의 실력을 만든다고 하니, 내일도 열심히 연습할 거예요.

따라 쓰며 한자力 완성해요

오늘의 학습을 평가해 보아요. 부족함 보통임 잘함

01~05 독해로 마무리해요

정답과 해설 109쪽

1~2 다음 글을 읽고, 물음에 답하세요.

시간(時間)이 빠르게 흘러, 어느덧 설을 준비할 시기(時期)가 되었어요. 설은 우리 민족의 최대 명절로, 매년(每年) 설이 오면 세배를 합니다. 세배는 나이가 어린 사람이 연세(年歲)가 높은 어른들에게 드리는 새해 인사입니다. 세배를 받은 어른들은 후세(後世)의 미래(未來)를 축복하는 뜻으로 세뱃돈을 주시기도 해요. 예전에는 세뱃돈 대신 떡과 약과를 주기도 했습니다. 또 설에는 차례를 지냅니다. 한 해의 첫날에 조상에게 '장래(將來)에 좋은 일만 생기게 해 주세요.'라고 비는 동시(同時)에, '이 세상(世上)에 태어나 행복하게 잘 살게 해 주셔서 감사합니다.'라고 인사하는 뜻으로 이 풍습이 전래(傳來)되고 있습니다.

지금까지 설에 하는 일에 대해 알아보았습니다. 여러분, 추가로 설의 유래(由來)를 찾아보면서 전통문화에 대한 흥미를 자연스럽게 느껴 보면 어떨까요?

1 이 글의 중심 소재로 알맞은 것을 고르세요.

① 설 ② 명절 ③ 세배 ④ 차례 ⑤ 떡과 약과

2 이 글에 제시되지 않은 내용을 고르세요.

① 설의 유래 ② 세배의 의미 ③ 설에 하는 일
④ 차례를 지내는 의미 ⑤ 세뱃돈을 주는 까닭

생활 속 성어

고진감래
쓸/괴로울 苦 다할 盡 달 甘 올 來

옛날에 한 가난한 농부가 공부를 하고 싶어서 붓 대신에 숯을, 종이 대신에 나뭇잎을 사용하여 힘들게 공부를 했다고 합니다. 이 농부는 이와 같이 노력한 끝에 훗날 크게 성공하였습니다. '고진감래'는 이처럼, '쓴 것이 다하면 단 것이 온다.'라는 뜻으로 고생한 끝에 즐거움이 오는 상황에서 사용하는 말입니다.

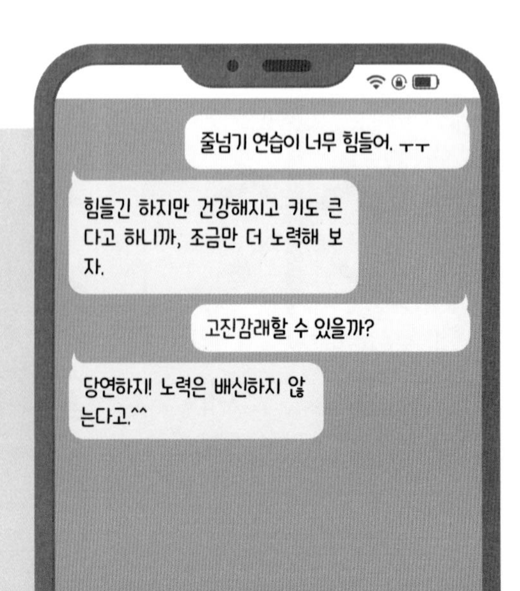

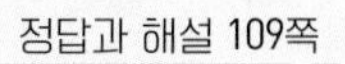

도토리에 적힌 한자가 쓰인 어휘를 골라 미로를 탈출해 보세요.

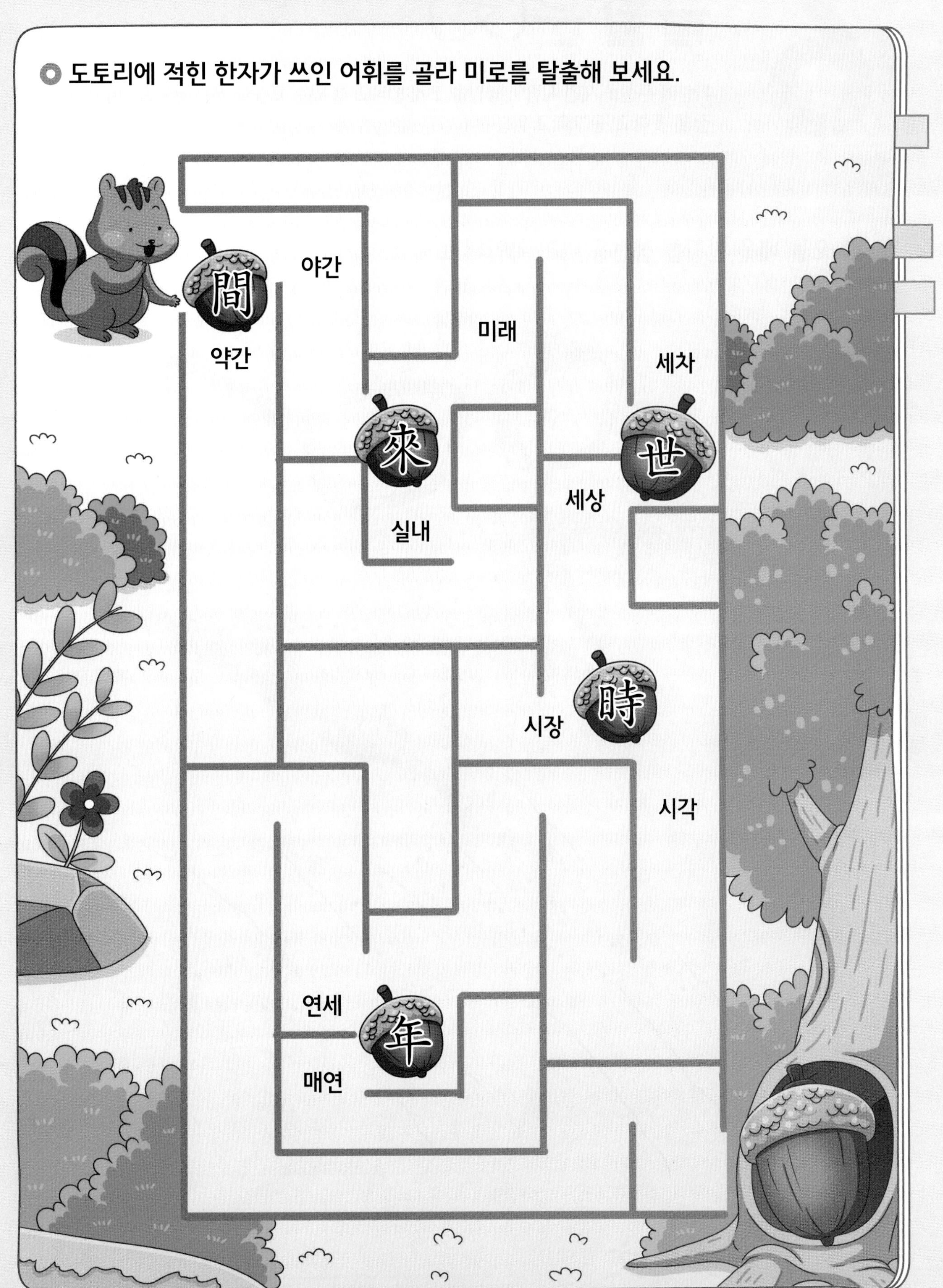

《 공부한 날짜 월 일 》

글월 문(文)

가슴에 문신을 새긴 사람이 양팔을 크게 벌리고 서 있는 모습을 본뜬 글자로, '글'이나 '문장'을 뜻하고 '문'이라고 읽습니다.

오늘 배울 한자를 점선을 이어 확인해 보세요.

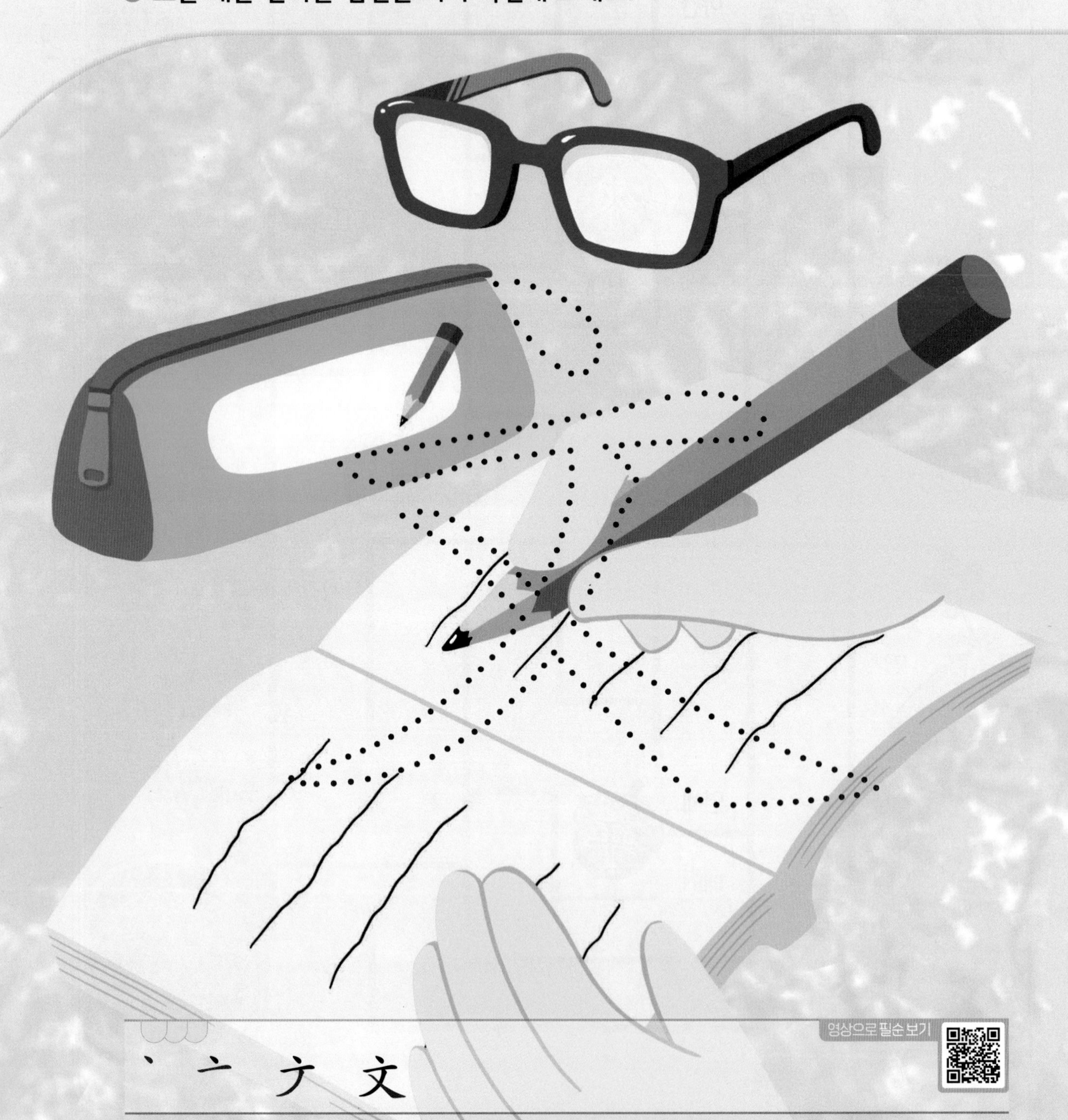

丶 亠 ㇒ 文

영상으로 필순 보기

'글월 문(文)'이 들어간 어휘

정답과 해설 110쪽

[1~4] 두 개의 뜻 중에서 어휘의 알맞은 뜻을 찾아 ✓표를 하세요.

도덕

문자
글월 文 글자 字

1 ☑ 말을 눈으로 읽을 수 있게 나타낸 기호.
☐ 생각이나 느낌 등을 표현하고 전달하는 사람의 목소리.

성찬이에게 하고 싶은 한마디를 문자 메시지로 보내 봅시다.

국어

문장
글월 文 글 章

2 ☐ 쉼표처럼 말의 뜻을 보완하기 위해 쓰는 기호.
☐ 생각을 전할 때 하나의 정리된 뜻을 나타내는 최소 언어 단위.

글을 쓸 때 문장을 알맞은 길이로 써야 읽는 사람이 이해하기 좋아요.

겨울

문화
글월 文 될 化

3 ☐ 생각이나 사실 등을 글로 써서 표현하는 일.
☐ 한 사회의 예술, 도덕, 종교 등 정신적 활동의 바탕.

우리와 문화가 다른 친구를 어떻게 대해야 할까요?

국어

감상문
느낄 感 생각 想 글월 文

4 ☐ 어떤 사물이나 현상을 보고 느낀 바를 쓴 글.
☐ 자신의 잘못이나 부족함을 돌이켜 보며 쓴 글.

독서 감상문을 쓸 때에는 중요한 내용이나 사건을 중심으로 쓸 수 있어요.

1 밑줄 친 말과 뜻이 가장 비슷한 어휘에 ○표를 하세요.

한글은 세종 대왕이 우리말을 적어서 나타내기 위해 만든 우리나라 고유의 글자이다.

신호 | 도형 | 문자 | 표시

2 밑줄 친 말이 가리키는 어휘에 ✓표를 하세요.

주말에 본 공연이 인상 깊어서 공연을 보고 느낀 점을 글로 남겼다.

☐ 감상문 | ☐ 반성문 | ☐ 독후감 | ☐ 안내문

3 다음 글에 쓰인 문장(文章)의 개수를 쓰세요.

요즘 줄임 말이 유행이다. 어떤 친구는 줄임 말을 심하게 쓰기도 한다. 줄임 말이 심하면 이해하기가 힘들다. 특히 어른들과 대화하기가 어렵다. 나는 줄임 말을 함부로 쓰지 말아야겠다.

[✎]

4 '문(文)' 자를 넣어, 밑줄 친 곳에 공통으로 들어갈 어휘를 한글로 쓰세요.

지성: 자기 나라 ________만 무조건 고집하는 태도는 옳을까?
재인: 당연하지. ________는 그 나라의 예술, 도덕, 종교 등 정신적 활동의 바탕이야.
아윤: 하지만 다른 나라의 ________를 따르는 게 예의일 때도 있어.
지율: 서로 이해하고 존중하는 자세가 가장 중요한 것 같아.

[✎]

글 쓰며 표현力 높여요

정답과 해설 110쪽

‘글월 문(文)’이 들어가는 어휘를 넣어서 글을 써 보세요.

친구가 자기 생각을 글로 표현하는 것을 힘들어하고 있어요. 하고 싶은 말은 많은데 글로 표현하기가 어렵다는 친구에게 어떤 말로 도움을 줄 수 있을까요?

도움말 문자, 문장, 감상문, 문법 등에 ‘글월 문(文)’이 들어가요.

예 네 생각을 아주 짧은 문장으로 써 보는 연습부터 해 보면 어때? 입으로 생각을 말하고 말한 것을 문자로 옮겨 적는 것도 좋은 방법이야.

따라 쓰며 한자力 완성해요

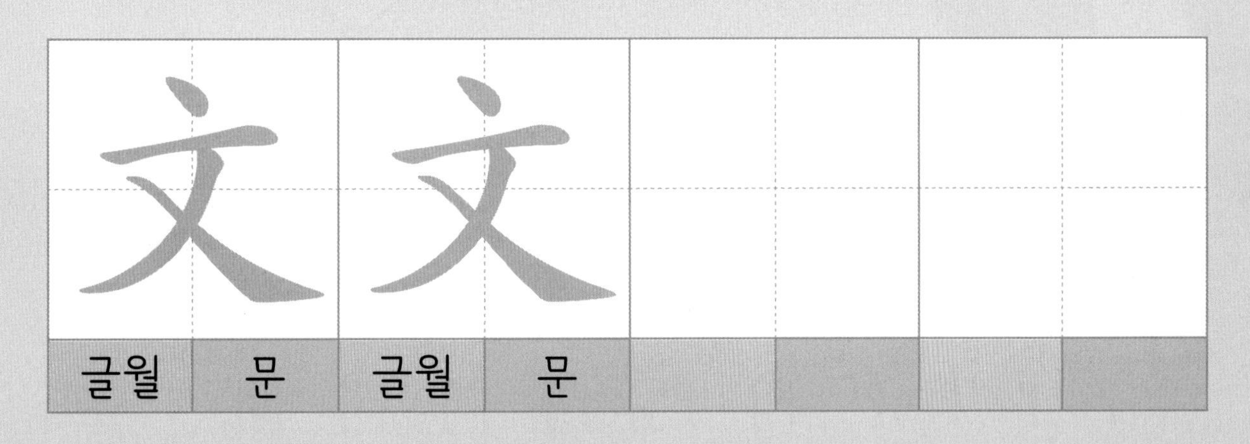

文	文				
글월 문	글월 문				

오늘의 학습을 평가해 보아요. 부족함 보통임 잘함

물을 문(問)

문[門] 앞으로 찾아가 입[口]으로 무언가를 묻는 모습을 표현한 글자로, '묻다'를 뜻하고 '문'이라고 읽습니다.

● 오늘 배울 한자를 순서대로 그려 보세요.

영상으로 필순보기

'물을 문(問)'이 들어간 어휘

정답과 해설 111쪽

[1~4] 예문을 보고, 어휘의 뜻으로 알맞은 말을 골라 ✓표를 하세요.

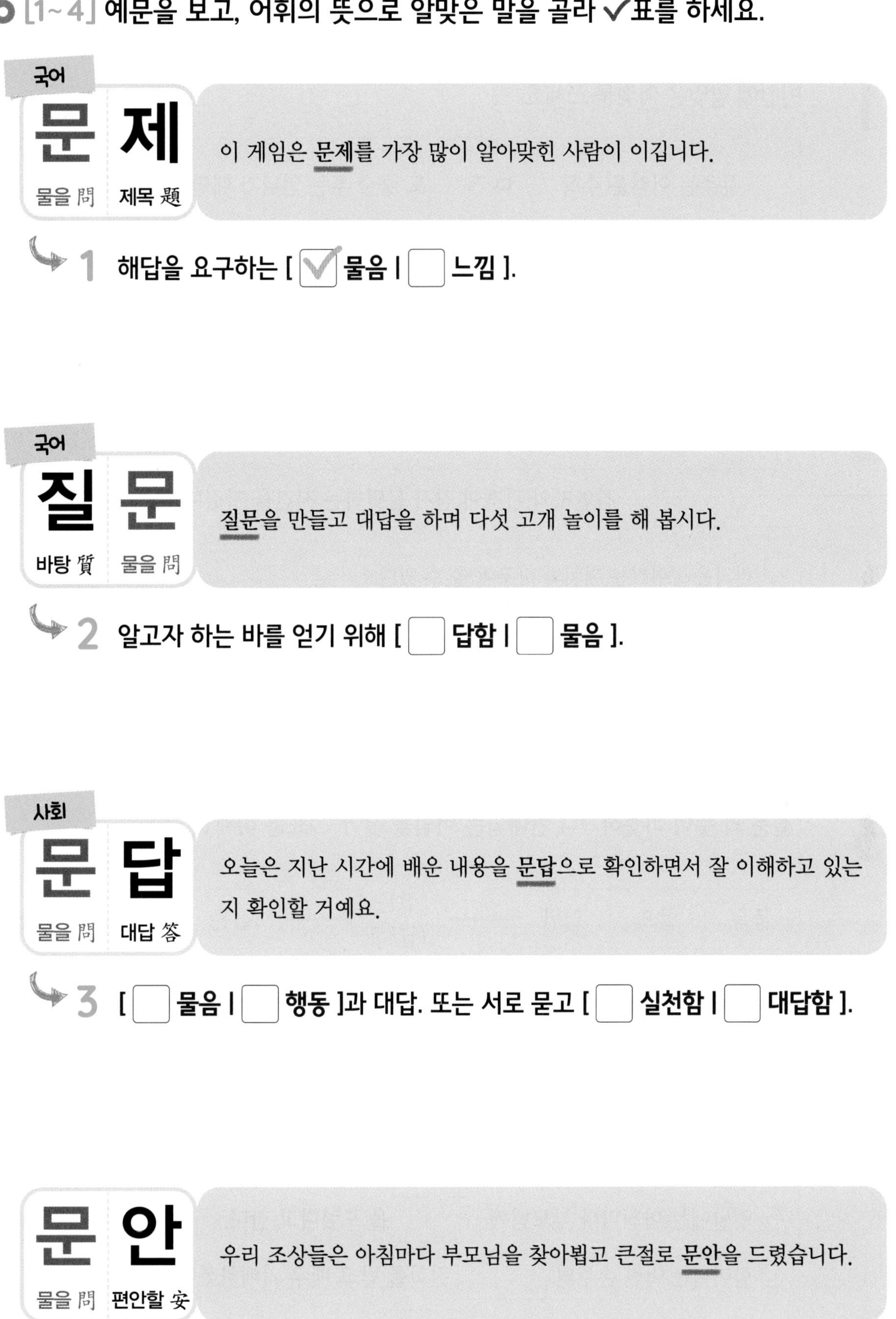

국어

문제 물을 問 제목 題

이 게임은 문제를 가장 많이 알아맞힌 사람이 이깁니다.

1 해답을 요구하는 [✓ 물음 | ☐ 느낌].

국어

질문 바탕 質 물을 問

질문을 만들고 대답을 하며 다섯 고개 놀이를 해 봅시다.

2 알고자 하는 바를 얻기 위해 [☐ 답함 | ☐ 물음].

사회

문답 물을 問 대답 答

오늘은 지난 시간에 배운 내용을 문답으로 확인하면서 잘 이해하고 있는지 확인할 거예요.

3 [☐ 물음 | ☐ 행동]과 대답. 또는 서로 묻고 [☐ 실천함 | ☐ 대답함].

문안 물을 問 편안할 安

우리 조상들은 아침마다 부모님을 찾아뵙고 큰절로 문안을 드렸습니다.

4 [☐ 친구에게 | ☐ 웃어른께] 안녕하신지를 [☐ 묻고 | ☐ 답하고] 인사를 드리는 일.

문제로 어휘力 높여요

1 빈칸에 알맞은 어휘를 쓰세요.

윤주는 어려운 수학 [ㅁㅈ] 도 술술 푸는 언니가 대단해 보였습니다.

[✎]

2 밑줄 친 어휘를 바르게 설명한 것에 ✓표를 하세요.

강연자와 관객이 잠시 문답하는 시간을 가졌다.

- [ ] '질의응답'이라는 어휘와 바꾸어 쓸 수 있다.
- [ ] '문'은 열고 닫는 시설을 뜻하는 한자 '門'이다.
- [ ] 서로 뜻이 비슷한 글자끼리 합하여 만들어진 어휘이다.

3 '질문'과 뜻이 비슷하거나 반대되는 어휘를 찾아 ○표를 하세요.

4 빈칸에 '문안(問安)'을 쓰기에 어색한 문장의 기호를 쓰세요.

㉠ 옛날에는 아침마다 부모님께 [ ] 을 드렸다고 한다.

㉡ 할머니는 어린 손주의 [ ] 전화를 받고 매우 기뻐하셨다.

㉢ 나는 오랜만에 만난 친구에게 [ ] 인사로 반가움을 전했다.

[✎]

글 쓰며 표현力 높여요

정답과 해설 111쪽

'물을 문(問)'이 들어가는 어휘를 넣어서 글을 써 보세요.

선생님께서 모둠별로 우리 학교 학생들의 취미를 조사해 오라는 숙제를 내 주셨어요. 어떻게 조사를 하면 좋을지 생각하여 친구들에게 이야기해 보세요.

도움말 문제, 질문, 문답, 설문, 방문 등에 '물을 문(問)'이 들어가요.

예 몇몇 학생들을 직접 방문해서 문답 형식으로 인터뷰를 해 보는 건 어떨까? 직접 만나서 이야기하면 많은 이야기를 들을 수 있을 거야.

따라 쓰며 한자力 완성해요

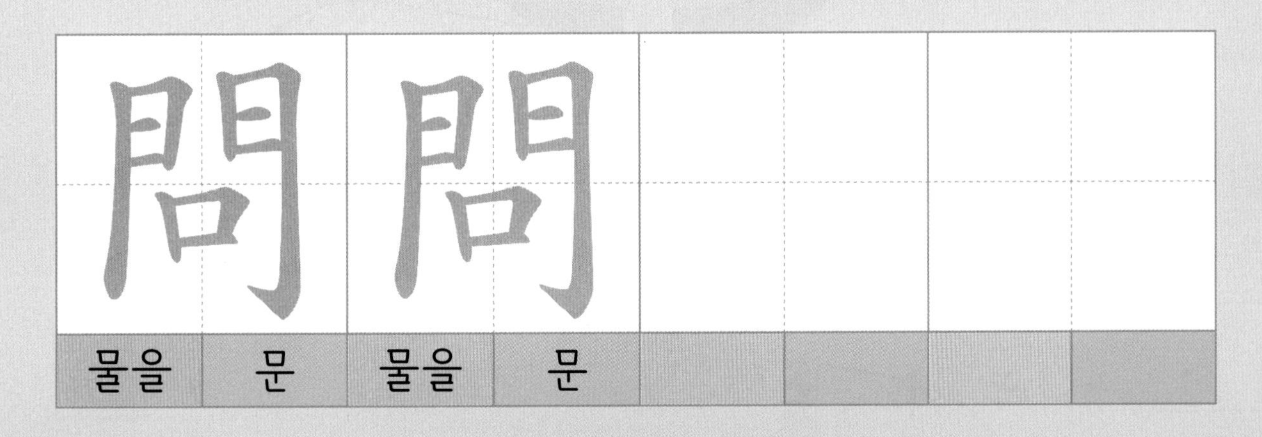

오늘의 학습을 평가해 보아요. 부족함 보통임 잘함

주인 주(主)

등잔 위에 불이 타고 있는 모양을 본뜬 글자입니다. 등불의 중심과 같이 일정한 곳에 머물며 책임을 지는 사람인 '주인'을 뜻하고 '주'라고 읽습니다.

◎ 오늘 배울 한자를 색칠해 보세요.

'주인 주(主)'가 들어간 어휘

정답과 해설 112쪽

[1~4] 두 개의 뜻 중에서 어휘의 알맞은 뜻을 찾아 ✓표를 하세요.

국어

주인
주인 主 사람 人

1 ☐ 물건을 구하러 오는 사람.
☑ ① 어떤 물건을 자기 것으로 가진 사람.
② 손님을 맞는 사람.

얘들아, 이 연필 주인 누구니?

도덕

주장
주인 主 베풀 張

2 ☐ 운동 경기에서, 팀을 대표하는 선수.
☐ 자기의 생각을 굳게 내세움. 또는 그 생각.

문제 상황을 찾고, 해결할 방법을 한 명씩 주장해 보세요.

사회

민주
백성 民 주인 主

3 ☐ 국민이 나라의 주인으로서 권력을 갖는 것.
☐ 임금이 나라의 통치자로서 권력을 갖는 것.

우리나라에서 민주주의는 어떤 과정을 거쳐 발전해 왔을까요?

'공평할 공(公)'은 어떤 사람을 가리키거나
높여 부를 때에도 쓰여요.

국어

주인공
주인 主 사람 人 공평할 公

4 ☐ 작품 속에 나오는 모든 인물.
☐ ① 연극, 영화, 소설 등에서 사건의 중심이 되는 인물. ② 어떤 일에서 중심이 되는 사람.

이야기 속 주인공은 어떤 일을 겪게 될까?

문제로 어휘力 높여요

1 빈칸에 공통으로 들어갈 어휘를 쓰세요.

- 여러분은 이 나라를 이끌어 갈 미래의 [ㅈㅇㄱ]입니다.
- 이 이야기에서 [ㅈㅇㄱ]의 성격이 잘 드러난 부분을 찾아보세요.

[✎]

2 밑줄 친 말과 뜻이 가장 비슷한 어휘에 ○표를 하세요.

주연이는 수혁이의 주장을 귀 기울여 들었다.

상상 / 의견 / 사실 / 주제

3 밑줄 친 곳에 '민주(民主)'를 쓰기에 어색한 문장의 기호를 쓰세요.

㉠ 우리는 자유와 권리가 보장되는 ________주의 사회에서 살고 있다.
㉡ 독불장군은 다른 사람과 상의 없이 일을 ________적으로 처리한다.
㉢ 시민들은 투표나 단체 활동 등의 방법으로 ________ 정치에 참여한다.

[✎]

4 밑줄 친 말과 뜻이 반대되는 어휘에 ✓표를 하세요.

가게에 손님이 찾아와 시끌벅적합니다.

☐ 고객 ☐ 단골 ☐ 주인 ☐ 행인

글 쓰며 표현力 높여요

정답과 해설 112쪽

◎ '주인 주(主)'가 들어가는 어휘를 넣어서 글을 써 보세요.

여기, 사람들의 웃음소리가 끊이질 않는 왕국이 있어요. 세상에서 가장 작지만, 사람들의 행복 지수가 가장 높다는 이곳! 이 왕국만의 행복 비법이 무엇일지 자유롭게 상상해 볼까요?

도움말 주인, 민주, 주체, 주도 등에 '주인 주(主)'가 들어가요.

예 왕국에 문제가 생기면 민주적으로 해결하는 거예요. 이 왕국의 주인이라는 생각을 가진 사람들이 모든 일에 주체적으로 참여하기 때문에 문제가 금방 해결되는 거죠. 그러니 사람들이 자주 웃는 거 아닐까요?

따라 쓰며 한자力 완성해요

오늘의 학습을 평가해 보아요. 부족함 보통임 잘함

말씀 어(語)

'言(말씀 언)'과 '吾(나 오)'를 합한 글자로, 사람들이 제각기 자기[吾]의 생각을 말한다 [言]는 데서 '말씀' 또는 '말하다'를 뜻하고 '어'라고 읽습니다.

◎ 오늘 배울 한자를 순서대로 그려 보세요.

'말씀 어(語)'가 들어간 어휘

정답과 해설 113쪽

[1~4] 예문을 보고, 어휘의 뜻으로 알맞은 말을 골라 ✓표를 하세요.

도덕

언어
말씀 言 말씀 語

사이버 공간을 이용할 때는 상대방을 존중하는 언어를 사용합니다.

1 생각이나 느낌을 표현하기 위한 소리나 [✓ 문자 | ☐ 낙서] 등의 수단.

도덕

국어
나라 國 말씀 語

남과 북의 국어학자들이 협력해 우리말을 담은 사전을 만들고 있습니다.

2 ① 한 나라의 [☐ 국민 | ☐ 지식인]이 쓰는 말. ② 우리나라의 언어.

사회

단어
홑 單 말씀 語

우리 지역의 가게에는 왜 '다산'이라는 단어가 많이 들어갈까?

3 뜻을 가지고 홀로 쓰일 수 [☐ 있는 | ☐ 없는] 가장 작은 말의 덩어리.

국어

외래어
바깥 外 올 來 말씀 語

우리말에 외래어가 마구 들어와 쓰이는 것이 안타깝습니다.

4 [☐ 외국 | ☐ 인터넷]에서 들어온 말로 국어에서 널리 쓰이는 단어.

1 밑줄 친 '어' 자의 뜻이 나머지와 다른 것을 고르세요.

① 언어　② 용어　③ 어원　④ 어투　⑤ 어부

2 다음 설명이 가리키는 것을 찾아 ○표를 하세요.

유행어　외래어　한자어　표준어

3 왼쪽에 있는 한자(漢字) 어휘와 뜻이 비슷한 어휘에 ✓표를 하세요.

단어(單語) ┊ ☐ 글씨　☐ 문장　☐ 낱말

4 빈칸에 '말씀 어(語)'가 들어가는 어휘를 쓰세요.

나라마다 국민이 쓰는 고유한 말이 있는데, 이를 [ㄱㅇ]라고 합니다. 우리나라는 한국어가, 미국은 영어가, 프랑스는 프랑스어가 이에 해당합니다.

[✎　　　　]

글 쓰며 표현力 높여요

정답과 해설 113쪽

'ㅇ 말씀 어(語)'가 들어가는 어휘를 넣어서 글을 써 보세요.

여러분에게 한 장의 빈 낱말 카드가 있습니다. 자신이 좋아하는 낱말을 하나 고르고, 그 낱말의 뜻을 자유롭게 써 주세요.

도움말 언어, 단어, 용어, 어투 등에 '말씀 어(語)'가 들어가요.

예 약속 – 엄마와 내가 새끼손가락을 걸고 하는 언어로, 우리 집의 질서를 세워 주는 기적의 용어. 확신에 찬 어투와 함께할 때 그 효과가 커짐.

따라 쓰며 한자力 완성해요

오늘의 학습을 평가해 보아요. 부족함 보통임 잘함

말씀 화(話)

'言(말씀 언)'과 '舌(혀 설)'을 합한 글자로, 혀를 움직여 이야기를 한다는 데서 '말씀' 또는 '말하다'를 뜻하고 '화'라고 읽습니다.

◎ 오늘 배울 한자를 색칠해 보세요.

영상으로 필순 보기

'말씀 화(話)'가 들어간 어휘

정답과 해설 114쪽

[1~4] 두 개의 뜻 중에서 어휘의 알맞은 뜻을 찾아 ✓표를 하세요.

봄

전화

번개 電 말씀 話

1
- [ ] 손가락으로 글자판을 눌러 종이에 글자를 찍는 전기 기계.
- [x] ① 서로 떨어진 사람끼리 말을 주고받을 수 있게 만든 전기 기계. ② 전화기를 이용하여 말을 주고받음.

사고가 났을 때 전화가 없으면 가까이에 계신 어른께 알려요.

국어

통화

통할 通 말씀 話

2
- [ ] ① 전화로 말을 주고받음. ② 통화한 횟수를 세는 말.
- [ ] 편지로 서로 소식을 주고받음.

웃어른과 통화하거나 웃어른 말씀을 전할 때에도 높임 표현을 바르게 사용할 거야.

음악

수화

손 手 말씀 話

3
- [ ] 자기가 직접 손으로 쓴 글씨.
- [ ] 손의 모양과 움직임 등으로 주고받는 말.

소리의 어울림을 느끼며 노래 부르고, 수화로 표현해 봅시다.

'동심(童心)'은 어린이의 마음이라는 뜻이에요.

국어

동화

아이 童 말씀 話

4
- [ ] 어린이를 위하여 동심*을 바탕으로 지은 이야기.
- [ ] 주인공으로 어린이가 등장하는 이야기.

나는 집에 가서 동화책을 읽을 거야.

문제로 어휘力 높여요

1 **'말씀 화(話)'가 쓰이지 않은 어휘를 골라 그 기호를 쓰세요.**

㉠ 평화: 평온하고 안정된 상태.
㉡ 대화: 마주 대하여 이야기를 주고받음.
㉢ 전화: 서로 떨어진 사람끼리 말을 주고 받을 수 있게 만든 전기 기계.

[ ]

2 **빈칸에 공통으로 들어갈 어휘를 쓰세요.**

"지금 전화 한 [ㅌㅎ]만 해도 될까요?"

"네, 대신 곧 수업이 시작되니 짧게 [ㅌㅎ]해 주세요."

[ ]

3 **밑줄 친 말과 바꾸어 쓸 수 있는 어휘를 쓰세요.**

말을 하지 못하는 아이는 손짓말로 자신의 생각을 표현했다.

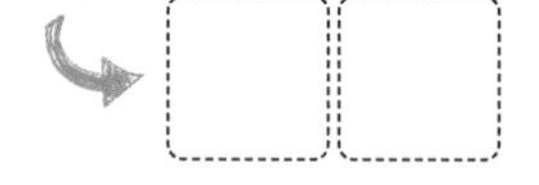

4 **설명에 알맞은 어휘를 선으로 이으세요.**

1	실제로 있는 이야기. 또는 실제로 있었던 이야기.	㉠	동화(童話)
2	어린이를 위하여 동심을 바탕으로 지은 이야기.	㉡	실화(實話)

글 쓰며 표현力 높여요

정답과 해설 114쪽

'말씀 화(話)'가 들어가는 어휘를 넣어서 글을 써 보세요.

다른 사람과 전화로 이야기를 할 때에는 지켜야 할 예절이 있어요. 자신이 알고 있는 통화 예절에는 무엇이 있는지 이야기해 볼까요?

도움말 전화, 통화, 대화 등에 '말씀 화(話)'가 들어가요.

예 버스처럼 많은 사람들이 함께 이용하는 곳에서 전화 통화를 할 때에는 작은 목소리로 대화해야 해요.

따라 쓰며 한자力 완성해요

오늘의 학습을 평가해 보아요. 부족함 보통임 잘함

06~10 독해로 마무리해요

정답과 해설 115쪽

1~2 다음 글을 읽고, 물음에 답하세요.

한글의 옛 이름인 훈민정음은 '백성을 가르치는 바른 소리'라는 뜻으로, 세종 대왕이 1443년에 창제한 글자예요. 당시 조선은 언어(言語)를 표현할 문자(文字)가 없어서 한자(漢字)를 대신 사용했는데, 한자는 먹고 살기 바쁜 백성들이 배우기 어려웠어요. 그래서 세종 대왕이 누구나 쉽게 읽고 쓸 수 있는 한글을 만든 거예요. 그러나 한글 창제는 출발부터 여러 문제(問題)에 부딪혔어요. 한자를 써 오던 학자들이 반대하는 주장(主張)을 펼쳤고, 양반들은 한글을 무시했기 때문이에요. 하지만 한글의 편리함이 알려지면서 점점 많은 사람들이 한글을 사용하게 되었어요. 결국, 백성들은 점차 자신의 생각을 문장(文章)으로 적을 수 있게 되었고, 책을 읽으며 필요한 지식을 얻게 되었지요. 우리가 지금 한글로 된 동화(童話)책을 볼 수 있는 것도 세종 대왕이 한글을 창제했기 때문이에요.

1 이 글의 제목으로 알맞은 것을 고르세요.

① 한글을 쓰는 법　② 세종 대왕의 탄생
③ 한글의 창제 원리　④ 한글 창제의 배경
⑤ 한글과 한자의 차이

2 이 글에서 한글의 옛 이름을 찾아 쓰세요.

{ □□□□ - '백성을 가르치는 바른 소리'라는 뜻. }

동문서답
동쪽 東　물을 問　서쪽 西　대답 答

동쪽이 어디냐고 묻는 말에 서쪽이라고 대답한다는 뜻으로, 물음과는 전혀 상관없는 대답을 하는 것을 이르는 말입니다. 질문을 제대로 이해하지 못해 엉뚱한 대답을 하는 경우나 질문하는 사람이 바라는 답을 해 줄 수 없어서 질문을 애써 무시하는 상황에서 쓰는 표현입니다.

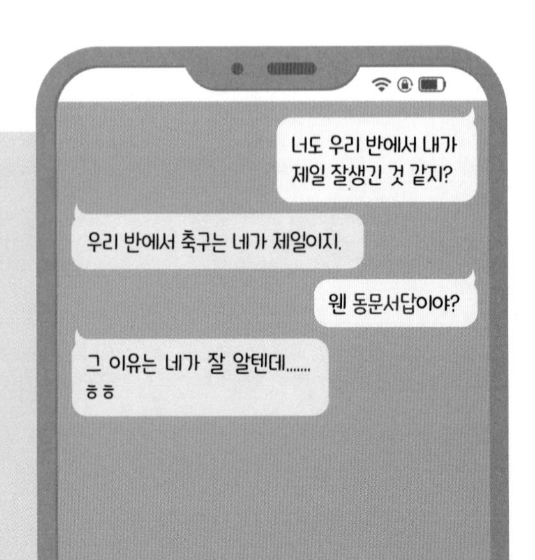

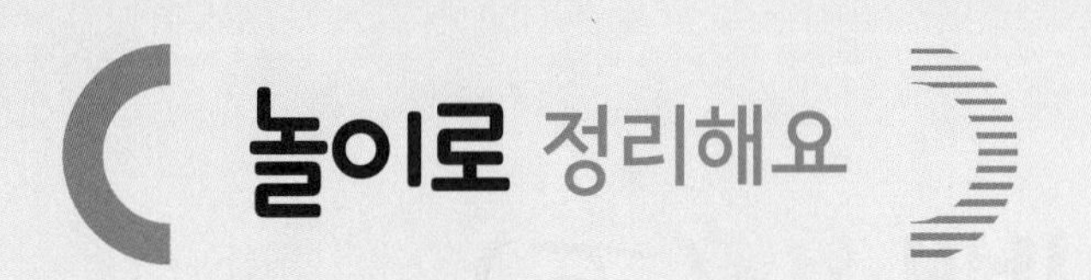

정답과 해설 115쪽

뜻풀이에 해당하는 어휘를 골라 퍼즐을 맞춰 보세요.

일백 백(百)

'白(흰 백)'과 '一(하나 일)'을 합한 글자로 '일백'이나 '온갖', '많음'을 뜻하고 '백'이라고 읽습니다.

◎ 번호 순서대로 점을 이어 오늘 배울 한자를 확인해 보세요.

一 丆 丆 百 百 百

'일백 백(百)'이 들어간 어휘

정답과 해설 116쪽

[1~4] 예문을 보고, 어휘의 뜻으로 알맞은 말을 골라 ✓표를 하세요.

수학

백 일

일백 百 | 날 日

저는 2016년 6월 14일에 백일잔치를 했습니다.

1 아이가 태어난 날로부터 [☐ 열 | ☑ 백] 번째 되는 날.

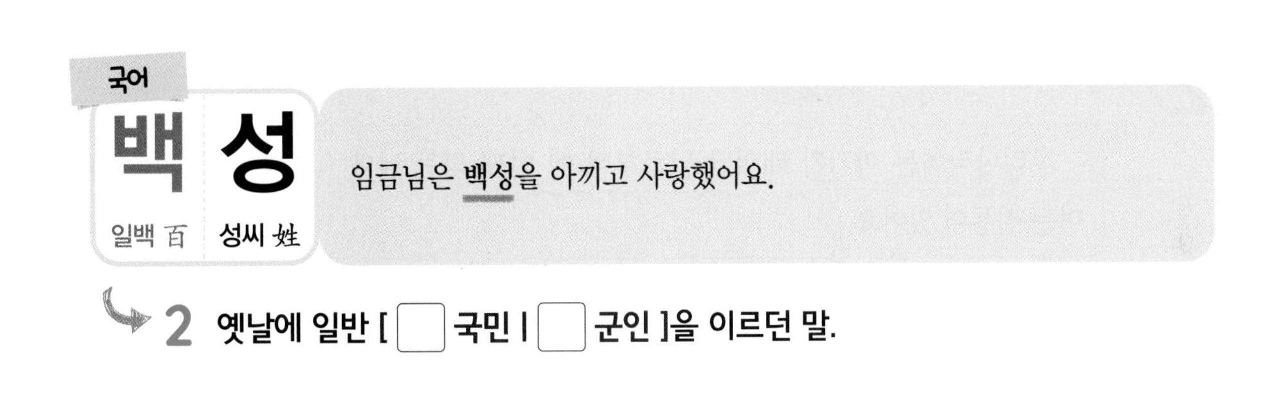

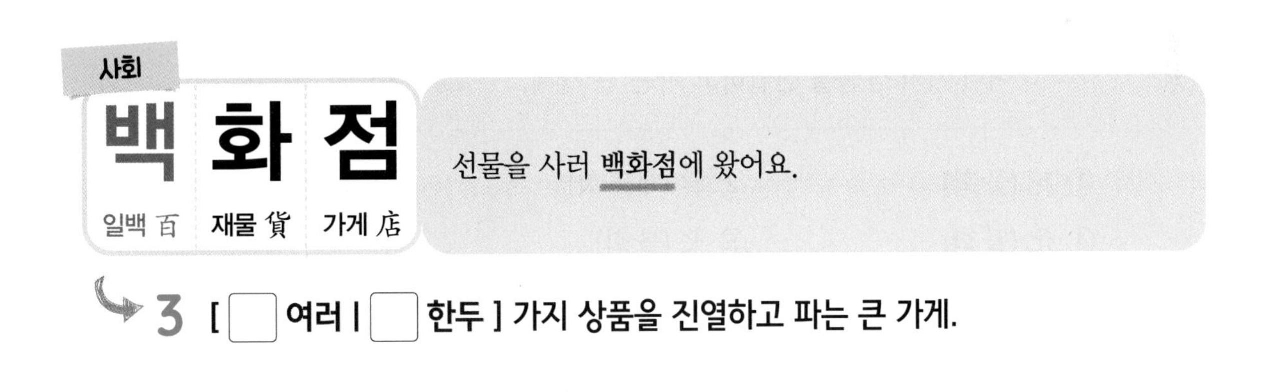

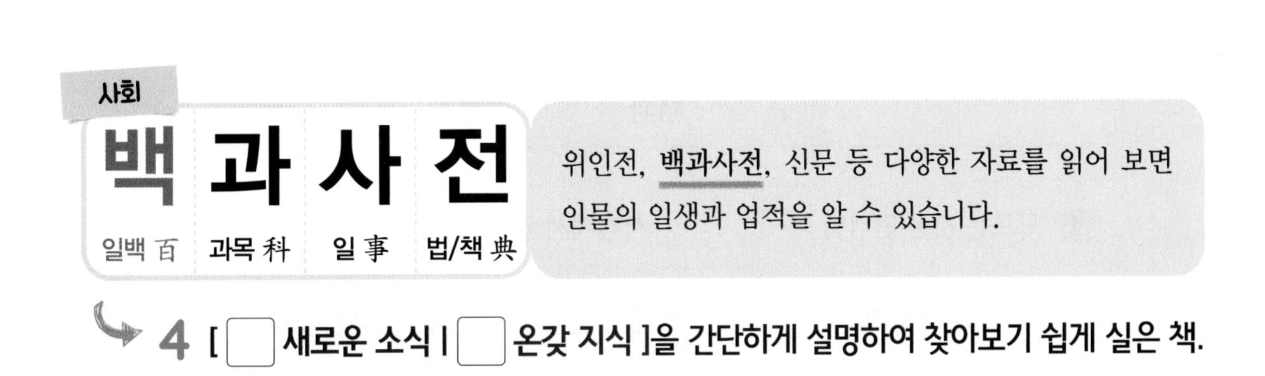

문제로 어휘力 높여요

1

밑줄 친 숫자에 해당하는 한자(漢字)를 골라 ○표를 하세요.

99보다 1만큼 더 큰 수를 <u>100</u>이라고 합니다.

月　　日　　白　　百

2

괄호 안에서 알맞은 어휘를 골라 ○표를 하세요.

우리나라에는 아기가 태어난 날로부터 백 번째 되는 날에 (백일 | 천일)잔치를 여는 전통이 있어요.

3

빈칸에 알맞은 한자(漢字)를 고르세요.

여러 가지 상품을 진열하고 파는 큰 가게. → 백화점(百 ☐ 店)

① 花 (꽃 화)　② 貨 (재물 화)　③ 話 (말씀 화)
④ 化 (될 화)　⑤ 火 (불 화)

4

빈칸에 들어갈 어휘를 보기에서 골라 쓰세요.

보기

백과　　백성

1 모르는 것은 인터넷 ☐ 사전에서 검색을 해 보아요.

2 임금님은 가난한 ☐ 들에게 쌀과 옷을 나누어 주었어요.

글 쓰며 표현力 높여요

정답과 해설 116쪽

‘일백 백(百)’이 들어가는 어휘를 넣어서 글을 써 보세요.

곧 있으면 우리 엄마 생신이에요. 좋은 선물을 해 드리고 싶어서 아빠와 함께 고민해 보기로 했어요. 어떤 선물을 준비하고 싶나요? 아빠에게 이야기해 보세요.

 백화점, 백과사전, 백합 등에 ‘일백 백(百)’이 들어가요.

예 엄마가 좋아하는 선물이 무얼까요? 인터넷 백과사전도 찾아보고, 백화점에도 함께 가 보아요.

따라 쓰며 한자力 완성해요

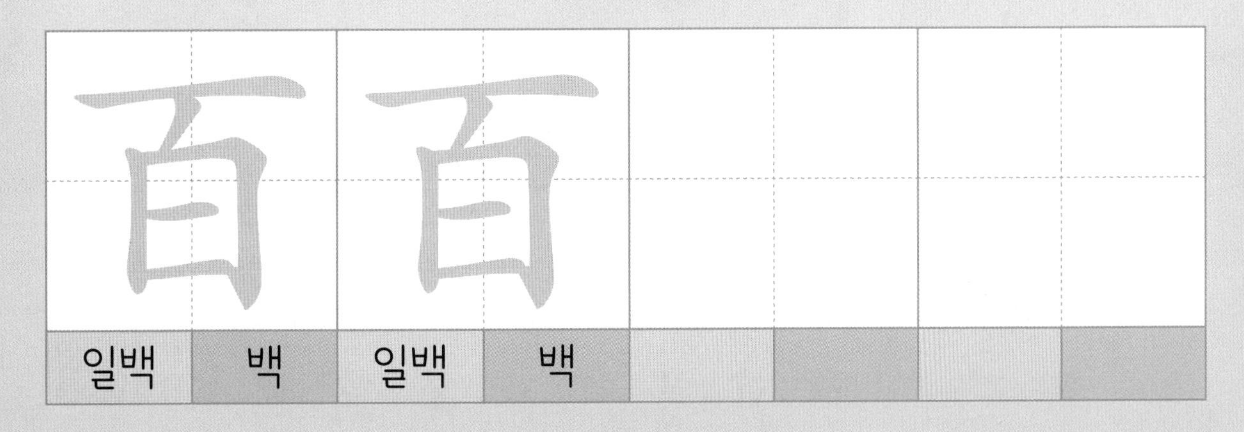

오늘의 학습을 평가해 보아요. 부족함 보통임 잘함

12 일만 만(萬)

본래는 전갈의 모습을 본떠 만든 글자였지만, 의미가 변하여 지금은 숫자 '일만'을 뜻하고, '만'이라고 읽습니다.

◎ 오늘 배울 한자를 색칠해 보세요.

‘일만 만(萬)’이 들어간 어휘

정답과 해설 117쪽

● [1~4] 두 개의 뜻 중에서 어휘의 알맞은 뜻을 찾아 ✓표를 하세요.

수학

천 만
일천 千 일만 萬

1 ☑ 만의 천 배가 되는 수.
☐ 백의 열 배가 되는 수.

올해는 국립 공원에 천만 명이 넘게 방문했습니다.

가을

만 세
일만 萬 해 歲

2 ☐ 위로를 하려고 두 손을 모아 조용히 속삭이는 말.
☐ 축하나 환호를 하려고 두 손을 높이 들면서 외치는 말.

정답을 맞힌 친구들은 만세를 부르고, 틀린 친구들은 박수를 치며 다시 모여요.

국어

만 물
일만 萬 물건 物

3 ☐ 세상에 있는 모든 것.
☐ 세상에서 사라진 모든 것.

우주 만물에는 하늘과 땅이 있고 그 가운데 사람이 있다.

만 능
일만 萬 능할 能

4 ☐ 모든 일을 다 할 수 있음.
☐ 한 가지 일만을 할 수 있음.

첫째 형은 우리 집에서 못 고치는 물건이 없는 만능 정비사예요.

1

설명에 해당하는 한자(漢字)를 골라 ✓표를 하세요.

전갈의 모습을 본떠 만들었지만, 지금은 의미가 변하여 숫자 '일만'을 뜻합니다.

☐ 古 ☐ 萬 ☐ 苦 ☐ 高

2

밑줄 친 내용과 바꾸어 쓸 수 있는 어휘에 ○표를 하세요.

늦은 밤 창밖을 보니 <u>세상 모든 것들</u>이 잠든 것처럼 고요해요.

만물 동물

3

빈칸에 알맞은 어휘를 고르세요.

이 영화를 본 관객은 모두 [ ] 명을 넘었다고 합니다.
↳ 만의 천 배가 되는 수.

① 일천(一千) ② 이만(二萬) ③ 십만(十萬)
④ 백만(百萬) ⑤ 천만(千萬)

4

'만(萬)' 자를 넣어, 빈칸에 알맞은 어휘를 쓰세요.

1 나는 축구도 잘하고 피구도 잘하는 [ㅁㄴ] 스포츠맨이 되고 싶어요.

[ ]

2 우리 모둠이 한글 퀴즈 대회에서 일 등을 해서 다 함께 [ㅁㅅ]를 외쳤어요.

[ ]

글 쓰며 표현力 높여요

정답과 해설 117쪽

'일만 만(萬)'이 들어가는 어휘를 넣어서 글을 써 보세요.

가족들과 함께 숲속으로 캠핑을 왔어요. 텐트도 치고, 요리도 하고, 맛있는 음식도 먹었어요. 즐거웠던 하루를 마무리하며 일기를 쓴다고 생각하고, 캠핑에서 있었던 일을 써 보세요.

도움말 만세, 만물, 만능, 만반, 만약 등에 '일만 만(萬)'이 들어가요.

예 아빠는 척척박사 만능 요리사다. 만약 캠핑 음식 요리 대회가 있다면, 우리 아빠가 일등일 것이다. 아빠 만세!

따라 쓰며 한자力 완성해요

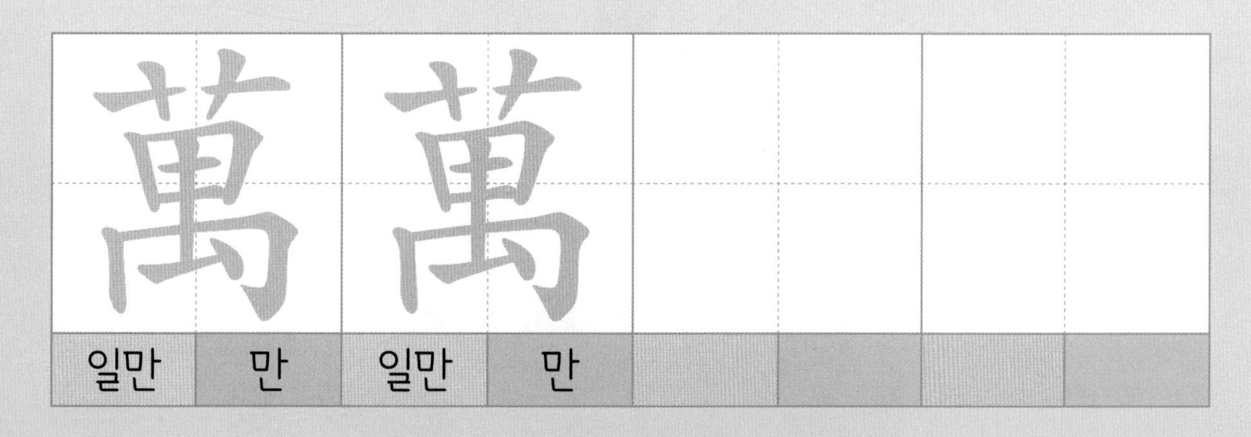

오늘의 학습을 평가해 보아요. 부족함 보통임 잘함

《 공부한 날짜 월 일 》

13 셈 수(數)

여자[女]가 물건을 포개어 머리에 이고 있는 모습과 막대기[攵] 모양을 합하여, 막대기를 포개어 수를 세는 것을 나타낸 글자입니다. '셈', '세다'를 뜻하고 '수'라고 읽습니다.

◎ 오늘 배울 한자를 색칠해 보세요.

영상으로 필순 보기

정답과 해설 118쪽

[1~4] 예문을 보고, 어휘의 뜻으로 알맞은 말을 골라 ✓표를 하세요.

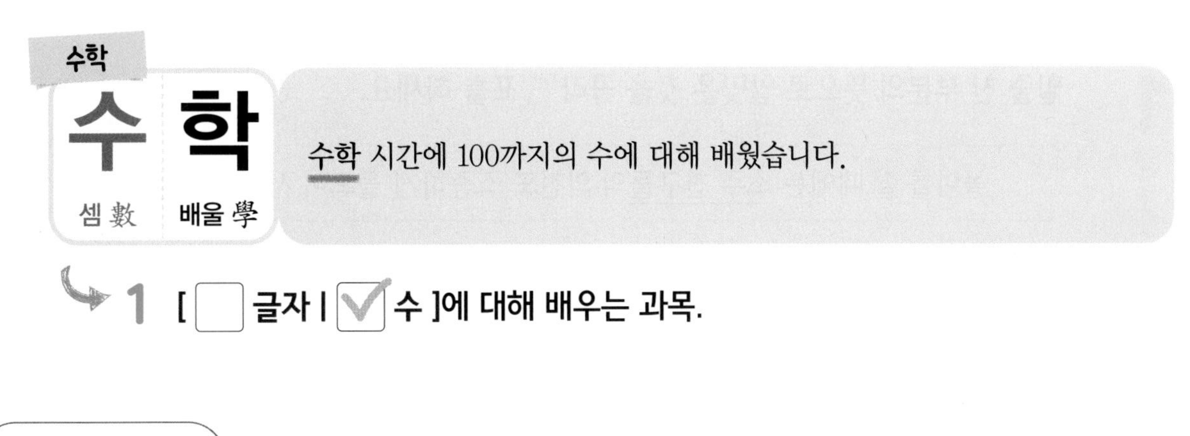

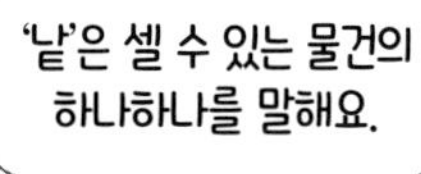

강낭콩은 자라면서 잎이 커지고 잎의 개수가 많아집니다.

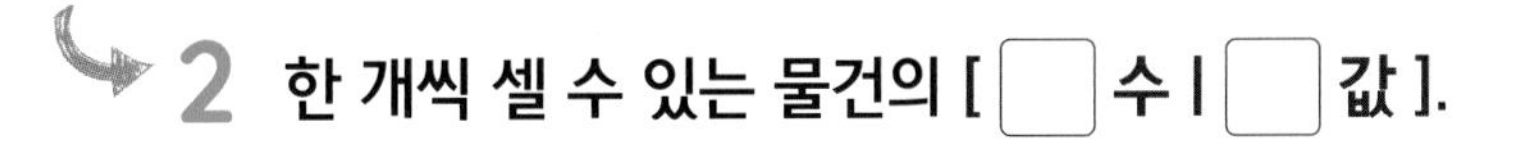

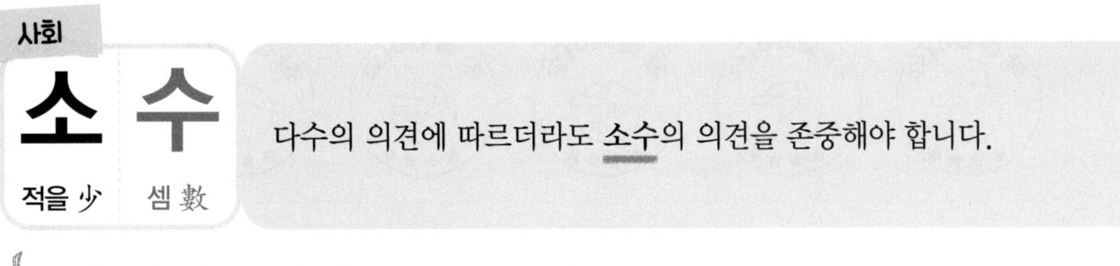

3 [많은 | 적은] 수.

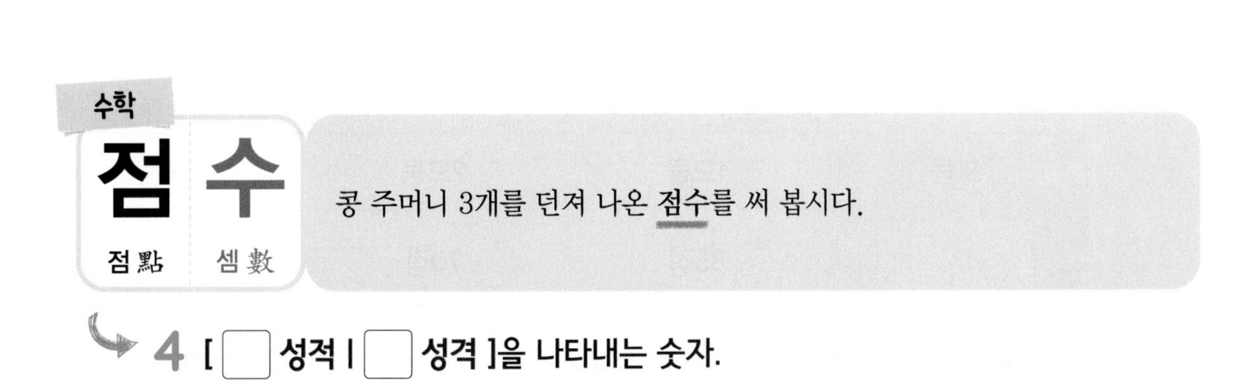

1 밑줄 친 부분의 뜻으로 알맞은 것을 골라 ○표를 하세요.

놀이를 할 때에는 <u>소수 친구들</u>의 의견도 소중하게 들으며 사이좋게 놀아요.

적은 수의 친구들　　많은 수의 친구들

2 빈칸에 알맞은 어휘를 쓰세요.

오늘은 [ㅅ ㅎ] 문제집에서 덧셈과 뺄셈 문제를 풀었어요.

[ ]

3 선생님께 '참 잘했어요' 스티커를 받았습니다. 스티커의 '개수(個數)'를 쓰세요.

[ ]

4 빈칸에 가장 알맞은 어휘를 고르세요.

〈2학년 3반 퀴즈 대회 결과〉

모둠	1모둠	2모둠	3모둠
	85점	70점	95점

① 점검　② 점수　③ 다수　④ 필수　⑤ 횟수

글 쓰며 표현力 높여요

정답과 해설 118쪽

‘셈 수(數)’가 들어가는 어휘를 넣어서 글을 써 보세요.

학급 제기차기 대회에서 우리 모둠이 1등을 했어요! 상품으로 사탕을 받았는데, 이 사탕을 어떻게 나누어 가져야 할지 고민이에요. 같은 모둠인 친구들에게 내 의견을 말해 보세요.

도움말 수학, 개수, 소수, 점수 등에 ‘셈 수(數)’가 들어가요.

예 우리 모둠이 4명인데, 사탕 개수가 13개야. 한 사람당 3개씩 갖고, 가장 높은 점수를 딴 친구에게 나머지 1개를 더 주는 게 좋겠어.

따라 쓰며 한자力 완성해요

오늘의 학습을 평가해 보아요. 부족함 보통임 잘함

곧을 직(直)

'目(눈 목)' 자를 써서 도로가 직선으로 바르게 놓였는지 살피는 모양을 나타낸 글자입니다. '곧다'를 뜻하고 '직'이라고 읽습니다.

◎ 오늘 배울 한자를 순서대로 그려 보세요.

'곧을 직(直)'이 들어간 어휘

정답과 해설 119쪽

[1~4] 두 개의 뜻 중에서 어휘의 알맞은 뜻을 찾아 ✓표를 하세요.

체육

직선
곧을 直 줄 線

1 ☐ 부드럽게 굽은 선.
☑ 꺾이거나 굽은 데가 없는 곧은 선.

스키를 탈 때 직선으로 빠르게 내려가면 위험해.

겨울

직접
곧을 直 이을 接

2 ☐ 사이에 다른 것을 끼어서.
☐ 중간에 다른 것이 끼이지 않고 바로.

난 장난감을 직접 가지고 와서 실제로 노는 법을 보여 줄 거야.

미술

직진
곧을 直 나아갈 進

3 ☐ 곧게 나아감.
☐ 한쪽으로 돌아 나아감.

매표소를 향해 직진하다가 안내소를 왼쪽 편에 두고 돌아서 가면 컬링 경기장이 있어.

국어

솔직
거느릴 率 곧을 直

4 ☐ 거짓이나 숨김이 없이 바르고 곧음.
☐ 사실이 아닌 것을 사실인 것처럼 꾸밈.

'거느릴 솔(率)'은 '꾸밈없다', '솔직하다'라는 뜻으로도 쓰여요.

자신의 솔직한 기분을 생각해 본다.

문제로 어휘 力 높여요

1 밑줄 친 말에 해당하는 한자(漢字)를 고르세요.

> 대나무처럼 곧게 뻗은 길을 따라가다 보면 작은 마을이 나타나요.

① 日 ② 目 ③ 自 ④ 白 ⑤ 直

2 밑줄 친 말과 뜻이 비슷한 어휘에 ○표를 하세요.

> 이 길을 따라 앞으로 곧게 나아가다 보면 문구점이 나올 거야.

직진 회전 후진

3 빈칸에 알맞은 어휘를 선으로 이으세요.

1 내 숙제는 다른 사람의 도움을 받지 않고 내가 [ ] 할 거야. • • ㉠ 솔직

2 내가 잘못한 일을 숨김없이 [ ] 하게 말하고 친구에게 사과했어. • • ㉡ 직접

4 '직선(直線)'에 해당하는 그림을 찾아 괄호 안에 ✓표를 하세요.

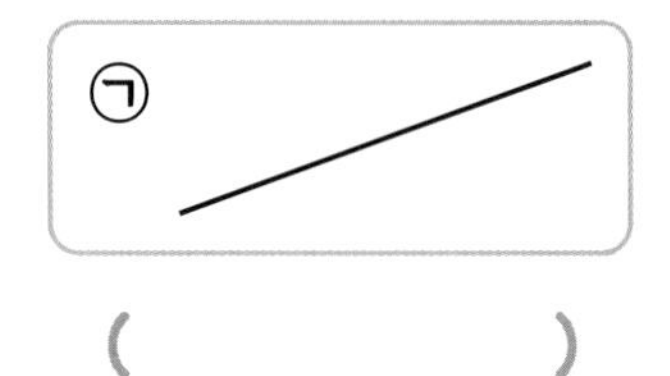
( )

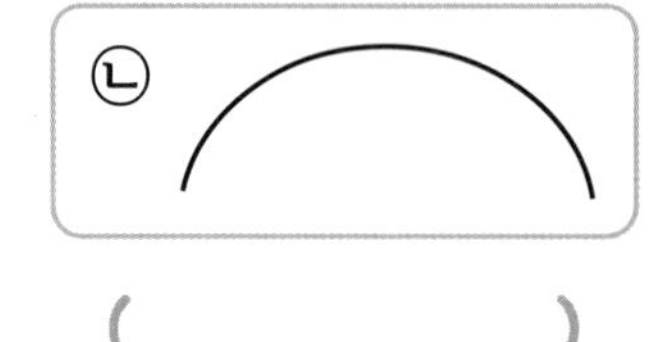
( )

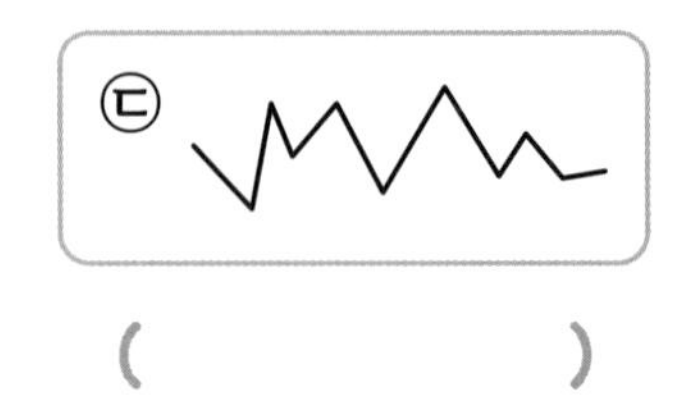
( )

글 쓰며 표현力 높여요

정답과 해설 119쪽

‘곧을 직(直)’이 들어가는 어휘를 넣어서 글을 써 보세요.

오늘 친구가 우리 집에 놀러 오기로 했어요. 그런데 친구는 우리 집에 오는 건 처음이라, 길을 잘 모르겠대요. 학교에서 출발해서 우리 집까지 오는 방법을 친구에게 설명해 주세요.

도움말 직선, 직접, 직진, 솔직 등에 ‘곧을 직(直)’이 들어가요.

예 학교에서 나와서 왼쪽으로 쭉 직진하다 보면 놀이터가 있어. 그 놀이터 맞은편을 보면 직선을 그어 놓은 듯 나란히 줄지어 있는 아파트가 보일 거야. 그 아파트 303호가 우리 집이야.

따라 쓰며 한자力 완성해요

오늘의 학습을 평가해 보아요. 부족함 보통임 잘함

무거울 중(重)

사람이 짐을 짊어진 모양을 본뜬 글자로, '무겁다'를 뜻하고 '중'이라고 읽습니다.
더하여 '소중하다', '귀중하다'라는 뜻도 나타냅니다.

◎ 오늘 배울 한자를 그림 속에서 찾아보세요.

영상으로 필순 보기

丿 二 千 六 育 首 亘 重 重

'무거울 중(重)'이 들어간 어휘

정답과 해설 120쪽

[1~4] 예문을 보고, 어휘의 뜻으로 알맞은 말을 골라 ✓표를 하세요.

과학

체 중
몸 體 무거울 重

저울의 종류에는 체중계, 전자저울, 가정용 저울 등이 있습니다.

1 몸의 [□ 길이 | ☑ 무게].

국어

중 요
무거울 重 중요할 要

중요한 내용을 확인하며 글을 읽어 봅시다.

2 매우 귀중하고 [□ 꼭 필요함 | □ 필요하지 않음].

과학

소 중
바 所 무거울 重

지구는 생물이 살 수 있는 소중한 곳입니다.

3 매우 [□ 작음 | □ 귀중함].

겨울

존 중
높을 尊 무거울 重

서로 이해하고 존중하는 자세가 가장 중요한 것 같아.

4 [□ 낮추어 | □ 높이어] 귀중하게 대함.

문제로 어휘 力 높여요

1 **밑줄 친 부분에 해당하는 한자(漢字)를 고르세요.**

어느 과일이 더 <u>무거운</u>지 알아봅시다.

① 中 ② 東 ③ 車 ④ 重 ⑤ 日

2 **사진을 보고 빈칸에 알맞은 어휘를 고르세요.**

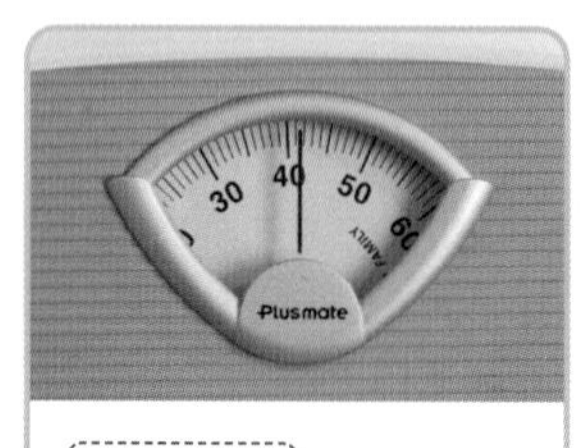

[　　] : 41.5 kg

① 시력(視力) ② 신장(身長) ③ 체중(體重)
④ 중심(中心) ⑤ 점수(點數)

3 **'중(重)' 자를 넣어, 빈칸에 알맞은 어휘를 차례대로 쓰세요.**

1 친구를 [ㅈㅈ]하고 서로 사이좋게 지내요. [✎]

2 생명은 모두 [ㅅㅈ]하므로, 동물을 아끼는 마음으로 잘 보살펴야 합니다. [✎]

4 **밑줄 친 어휘의 뜻으로 알맞은 것에 ✓표를 하세요.**

오늘 있었던 일 가운데 가장 <u>중요</u>한 장면을 그림일기에 그렸어요.

☐ 매우 어렵고 힘듦.

☐ 매우 귀중하고 꼭 필요함.

글 쓰며 표현力 높여요

정답과 해설 120쪽

‘무거울 중(重)’이 들어가는 어휘를 넣어서 글을 써 보세요.

우리 반 교실에서 나눔 장터가 열렸어요. 나도 팔고 싶은 물건을 몇 개 가지고 와서 예쁘게 진열했어요. 내 물건이 잘 팔릴 수 있도록 친구들에게 홍보하는 말을 해 보세요.

도움말 체중, 중요, 소중, 존중 등에 ‘무거울 중(重)’이 들어가요.

예 소중한 우리 가족의 건강을 책임져 주던 체중계야. 얼마 전에 전자식 체중계로 바꾸게 되어서 필요 없어졌지만 아직 잘 작동한단다.

따라 쓰며 한자力 완성해요

오늘의 학습을 평가해 보아요. 부족함 보통임 잘함

11~15 독해로 마무리해요

정답과 해설 121쪽

1~2 다음 글을 읽고, 물음에 답하세요.

우리 가족은 지난 주말에 단풍을 구경하러 공원에 갔다. 우리 집 정문을 나와 오른쪽 길로 쭉 직진(直進)하면 놀이터가 나오는데, 놀이터에서 찻길을 건너 직선(直線)으로 난 길을 따라가다 보면 공원이 나온다. 백일(白日)이 갓 지난 동생은 유모차를 타고, 나는 부모님과 걸어서 갔다. 공원에 도착하니 단풍이 울긋불긋 예쁘게 물들어 있었다. 고추잠자리까지 윙윙 날아다니는 것을 보니 만물(萬物)이 붉게 보이는 것 같았다. 단풍잎 중에서 잎의 개수(個數)가 다섯 개인 것이 있었는데 아기 손바닥 같았다. 유모차에 누워 있던 동생도 뭐가 재미있는지 깔깔 웃음소리를 냈다. 우리 가족은 단풍을 보며 소중(所重)하고 즐거운 시간을 보내고 집으로 돌아왔다.

1 이 글의 제목을 지을 때, 빈칸에 가장 알맞은 말을 쓰세요.

{ 즐거운 ☐☐ 구경 }

2 이 글의 내용으로 알맞지 않은 것을 고르세요.

① 공원까지 걸어서 갔다.
② 동생은 유모차를 타고 갔다.
③ 가족과 놀이터에서 놀았던 이야기이다.
④ 우리 집 정문에서 오른쪽 길로 직진했다.
⑤ 공원에는 고추잠자리가 날아다니고 있었다.

천 가지로 맵고, 만 가지로 쓰다는 뜻입니다. 여기에서 '맵고 쓴 것'은 어렵고 힘든 상황을 나타냅니다. 즉, 천 번을 매워하고, 만 번을 쓴 맛을 본 것처럼 온갖 어려움을 다 겪으며 심하게 고생하는 상황을 이르는 말입니다.

놀이로 정리해요

정답과 해설 121쪽

● 뜻풀이에 해당하는 어휘 칸을 색칠하여, 원주민 마을에 들어갈 수 있는 암호를 맞혀 보세요.

암호

ㅂ
□
ㄱ

단어 뜻풀이

① 적은 수.
② 몸의 무게.
③ 곧게 나아감.
④ 세상에 있는 모든 것.
⑤ 만의 천 배가 되는 수.
⑥ 수에 대해 배우는 과목.
⑦ 모든 일을 다 할 수 있음.
⑧ 옛날에 일반 국민을 이르던 말.
⑨ 꺾이거나 굽은 데가 없는 곧은 선.
⑩ 아이가 태어난 날로부터 백 번째 되는 날.
⑪ 여러 가지 상품을 진열하고 파는 큰 가게.

백과(百科)	체중(體重)	만세(萬歲)	백화점(百貨店)	직접(直接)
국어(國語)	수학(數學)	중요(重要)	만물(萬物)	솔직(率直)
개수(個數)	백일(百日)	천만(千萬)	소수(少數)	미래(未來)
문자(文字)	직선(直線)	주인(主人)	직진(直進)	학년(學年)
점수(點數)	백성(百姓)	소중(所重)	만능(萬能)	존중(尊重)

《 공부한 날짜 월 일 》

나라 한(韓)

'대한민국(大韓民國)', '한국(韓國)'에 이 글자가 쓰이며, '한류(韓流)'와 같이 '우리나라'와 관계된 어휘에 쓰입니다.

◎ 오늘 배울 한자를 색칠해 보세요.

영상으로 필순 보기

'나라 한(韓)'이 들어간 어휘

정답과 해설 122쪽

[1~4] 두 개의 뜻 중에서 어휘의 알맞은 뜻을 찾아 ✓표를 하세요.

국어

한옥
나라 韓 집 屋

1 ☐ 짚이나 갈대 등으로 지붕 위를 덮은 집.
☑ 우리나라 고유의 형식으로 지은 집을 이르는 말.

한옥 지붕은 부드러운 곡선으로 이루어져 있습니다.

겨울

한복
나라 韓 옷 服

2 ☐ 우리나라의 고유한 옷.
☐ 우리나라 고유의 제조법으로 만든 종이.

한복은 색이 고운 우리 옷입니다.

도덕

한국인
나라 韓 나라 國 사람 人

3 ☐ 한 나라에서 함께 사는 사람.
☐ 한국 국적을 가졌거나 우리나라의 혈통과 정신을 가진 사람.

나는 세계 속의 자랑스러운 한국인입니다.

사회

한반도
나라 韓 반 半 섬 島

4 ☐ 남북한 국토 전체를 이루는 반도.*
☐ 제주특별자치도 중앙에 있는 산.

*삼면이 바다로 둘러싸이고 한 면은 육지에 이어진 땅을 '반도'라고 해.

남북한 예술단이 함께 무대를 꾸며 한반도의 평화를 기원했습니다.

문제로 어휘力 높여요

1 밑줄 친 어휘에 해당하는 한자(漢字)에 ○표를 하세요.

• 올해에도 많은 외국인들이 우리나라에 방문했습니다.
• 가요, 드라마 등 한국의 문화가 세계 곳곳에서 사랑받고 있어요.

內	外	韓	島

2 밑줄 친 말과 바꾸어 쓸 수 있는 어휘를 고르세요.

그 선수는 수영으로 올림픽에 출전한 첫 번째 우리나라 사람이었습니다.

① 외국인 ② 한국인 ③ 외지인 ④ 타국인 ⑤ 이방인

3 '한(韓)' 자를 넣어, 밑줄 친 곳에 공통으로 들어갈 어휘를 한글로 쓰세요.

• 엄마가 이모의 결혼식 때 ________을 입고 가신대요.
• 내일은 즐거운 설날! ________을 입고 세배를 할 거예요.

[✎]

4 밑줄 친 어휘의 알맞은 뜻을 괄호 안에서 골라 ○표를 하세요.

1 한반도에서는 일 년 사계절이 뚜렷하게 느껴집니다.
↳ 남북한 국토 (일부 | 전체)를 이루는 반도.

2 한옥은 처마 전체가 휘어진 듯 부드러운 곡선을 이루고 있습니다.
↳ 우리나라 고유의 형식으로 (지은 집 | 만든 악기 | 그린 그림).

글 쓰며 표현力 높여요

정답과 해설 122쪽

'나라 한(韓)'이 들어가는 어휘를 넣어서 글을 써 보세요.

우리나라에서 태어난 것이 자랑스러웠던 순간이 있나요? 내가 우리나라 사람이라서 기분이 좋고 어깨가 으쓱했던 경험을 이야기해 보세요.

도움말 한옥, 한복, 한국, 한국인 등에 '나라 한(韓)'이 들어가요.

예 난 한국을 대표하는 선수들이 올림픽 경기에서 좋은 성적을 냈을 때 참 자랑스러웠어. 선수를 한마음으로 응원하다 보면 한국인 전부가 하나가 되는 것 같아.

따라 쓰며 한자力 완성해요

오늘의 학습을 평가해 보아요. 부족함 보통임 잘함

사랑 애(愛)

'心(마음 심)'과 '夊(천천히 걸을 쇠)'를 합하여 좋아하는 마음에 다가설까 말까 하는 모습을 표현한 글자입니다.

오늘 배울 한자를 점선을 이어 확인해 보세요.

영상으로 필순 보기

'사랑 애(愛)'가 들어간 어휘

정답과 해설 123쪽

[1~4] 예문을 보고, 어휘의 뜻으로 알맞은 말을 골라 ✓표를 하세요.

국어

애 정
사랑 愛 뜻 情

이야기를 읽고, 부모님에게 좀 더 많은 관심과 애정을 가져야겠다고 생각했어요.

1 사랑하는 [✓ 마음 | 친구].

애 착
사랑 愛 붙을 着

나는 다른 사람을 위해 봉사하는 일에 애착을 가지고 있습니다.

2 몹시 사랑하거나 끌리어서 [떨어지지 않음 | 떨어지려고 함]. 또는 그런 마음.

도덕

애 국 심
사랑 愛 나라 國 마음 心

이승훈 선생이 세운 오산학교는 우리나라 청소년들에게 애국심을 심어 주어 많은 독립운동가를 배출했습니다.

3 자기 [나라 | 학교]를 사랑하는 마음.

애 장 품
사랑 愛 감출 藏 물건 品

어린 시절에 선물받은 연필은 아직도 나의 애장품입니다.

4 [애정이 사라진 | 소중히 간직하는] 물품.

문제로 어휘力 높여요

1 다음 어휘의 뜻을 보고, '애(愛)' 자의 알맞은 의미에 ✓표를 하세요.

- 애인(愛人): 서로 사랑하는 사람.
- 모성애(母性愛): 자식에 대한 어머니의 사랑.

☐ 꿈 ☐ 사람 ☐ 친구 ☐ 사랑

2 문장에서 '애국심'이 적절하게 쓰인 것에 ○표, 그렇지 않은 것에 ×표를 하세요.

1 올림픽 경기장에는 애국심이 힘차게 펄럭이고 있다. [ ]

2 우리나라의 광복을 위해 노력한 독립운동가의 애국심을 기억해야 한다. [ ]

3 다음 대화의 주제가 무엇인지 쓰세요.

선영: 이 옷은 색깔과 모양이 마음에 쏙 들어서 내가 아끼는 옷이야.
혜경: 난 몇 년 전에 선물받았던 시계를 아직도 차고 있어. 착용감이 정말 좋거든.

→

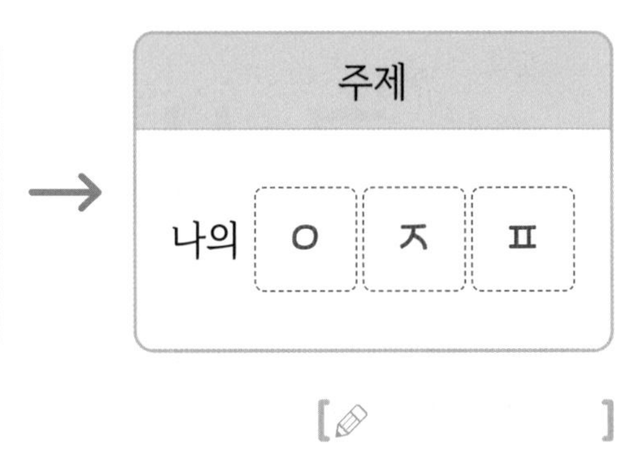

[ ]

4 다음 표에서 뜻이 비슷하거나 반대되는 어휘를 골라 ○표를 하세요.

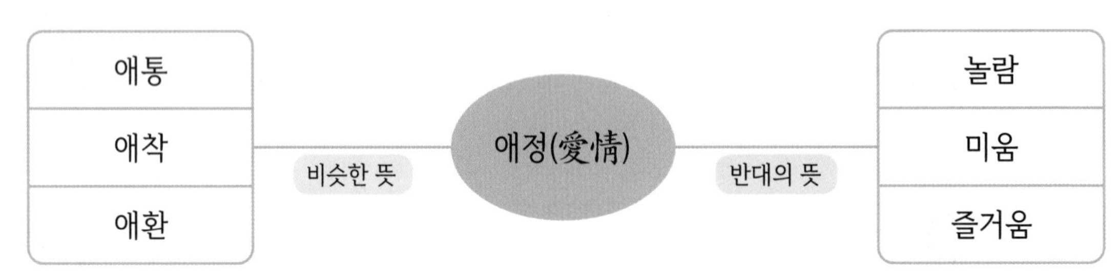

글 쓰며 표현力 높여요

정답과 해설 123쪽

‘사랑 애(愛)’가 들어가는 어휘를 넣어서 글을 써 보세요.

갑자기 머나먼 섬으로 여행을 떠나게 되었어요. 가방에는 내가 좋아하는 것을 ‘딱 하나만’ 넣을 수 있대요. 무엇을 가져가고 싶은지 이야기해 보세요.

도움말 애정, 애착, 애국심, 애장품, 애용, 애칭 등에 ‘사랑 애(愛)’가 들어가요.

예 난 내가 키우고 있는 식물을 넣어 갈 거야. 매일 일정 시간 햇빛을 보게 해 주고, 정해진 만큼 물을 주며 애정을 쏟고 있거든. 식물의 애칭은 '햇살'이야.

따라 쓰며 한자力 완성해요

오늘의 학습을 평가해 보아요. 부족함 보통임 잘함

백성 민(民)

국가를 구성하고 있는 사람을 뜻하는 글자로, '백성'을 뜻하고, '민'이라고 읽습니다.

오늘 배울 한자를 순서대로 그려 보세요.

'백성 민(民)'이 들어간 어휘

정답과 해설 124쪽

[1~4] 두 개의 뜻 중에서 어휘의 알맞은 뜻을 찾아 ✓표를 하세요.

겨울

민 족

백성 民 겨레 族

1 □ 다른 나라의 국적을 얻어 그 나라의 국민이 된 사람.
☑ 일정한 지역에서 오랜 세월 동안 공동생활을 하면서 언어·풍습·역사 등을 갖게 된 공동체.

남한과 북한은 오랜 역사를 함께 한 같은 민족이란다.

음악

민 속

백성 民 풍속 俗

2 □ 예로부터 민중 사이에 불려 오던 전통적인 노래.
□ 민간에서 오래전부터 전해져 내려오는 풍속이나 문화.

이 춤은 학의 몸짓을 표현한 춤으로, 일반 사람들이 추던 민속 무용입니다.

사회

민 원

백성 民 원할 願

3 □ 백성의 마음.
□ 주민이 행정 기관에게 원하는 바를 요구하는 일.

주민들이 민원 신청 게시판에 어떤 요청을 하였을까요?

국어

원 주 민

근원 原 살 住 백성 民

4 □ 아직 개척되지 않은 사회의 사람.
□ 어떤 지역에 본디부터 살던 사람.

콜럼버스의 발견으로 아메리카 원주민들은 어떤 영향을 받았을까?

1 밑줄 친 어휘와 뜻이 가장 비슷한 어휘에 ✓표를 하세요.

- 이 책에는 우리 겨레의 역사가 담겨 있다.
- 한 나라의 말에는 겨레의 정신이 살아 숨 쉬고 있다.

□ 가족 □ 민족 □ 친족 □ 국가

2 빈칸에 알맞은 어휘를 쓰세요.

청소년들은 버스 운행 개선을 요구하는 □□을 군청에 제출하였습니다.

↳ 주민이 행정 기관에게 원하는 바를 요구하는 일.

3 '민(民)' 자를 넣어, 빈칸에 공통으로 들어갈 수 있는 어휘를 한글로 쓰세요.

탈춤 부채춤 강강술래 → □□춤

윷놀이 사방치기 연날리기 → □□놀이

[ ]

4 어휘가 알맞게 쓰이지 않은 예문의 기호를 쓰세요.

원주민(原住民)

뜻 어떤 지역에 본디부터 살던 사람.

예문 ㉠ 동네의 원주민들이 그 자리에 탑을 세웠다.

㉡ 요즘은 다른 곳에서 살다가 이곳으로 이주한 원주민이 부쩍 많아졌다.

㉢ 원주민은 근처에 새로운 도로가 생긴다는 소식에 기뻐하였다.

[ ]

글 쓰며 표현力 높여요

정답과 해설 124쪽

'백성 민(民)'이 들어가는 어휘를 넣어서 글을 써 보세요.

나는 한 나라를 다스리는 왕이에요. 이웃나라 왕과 이야기를 나누다가 우리 백성들을 소개하게 되었어요. 우리나라의 백성들은 어떤 사람들인지 이웃나라 왕에게 자랑해 볼까요?

도움말 민족, 민속, 시민, 국민, 민중, 농민, 어민 등에 '백성 민(民)'이 들어가요.

예 우리 민족은 예로부터 서로 돕기를 좋아하고, 어른을 공경할 줄 압니다. 아주 예의가 바른 훌륭한 국민이지요.

따라 쓰며 한자力 완성해요

오늘의 학습을 평가해 보아요. 부족함 보통임 잘함

시장 시(市)

물건을 사고파는 곳을 표시하기 위해 세운 '깃대'와 '깃발'을 나타낸 글자로, '시장'을 뜻하고 '시'라고 읽습니다. '서울특별시'와 같이 도시 이름을 나타낼 때에도 쓰입니다.

◎ 번호 순서대로 점을 이어 오늘 배울 한자를 확인해 보세요.

'시장 시(市)'가 들어간 어휘

정답과 해설 125쪽

[1~4] 예문을 보고, 어휘의 뜻으로 알맞은 말을 골라 ✓표를 하세요.

가을

시장 (시장 市, 마당 場)

옛날에는 여기가 꽤 큰 시장이었다는데 지금은 자그마한 골목 시장이 되었습니다.

1 [□ 한 | ☑ 여러] 가지 상품을 사고파는 일정한 장소.

국어

도시 (도읍 都, 시장 市)

도시 한가운데에 공원이 있었어요.

2 일정한 지역의 정치 · 경제 · 문화의 중심이 되고, 사람이 [□ 많이 | □ 적게] 사는 지역.

사회

시내 (시장 市, 안 內)

관광 안내도를 참고하여 부산 시내를 관광해 보자.

3 도시의 [□ 안 | □ 밖].

'행정(行政)'이란 '정부가 법에 따라 나라를 다스리는 일.'을 뜻해요.

사회

시청 (시장 市, 관청 廳)

시청이나 군청, 구청 누리집을 방문하여 우리 고장에 대해 알아보아요.

4 시(市)의 행정* 사무를 맡아보는 [□ 관청 | □ 사람].

문제로 어휘 力 높여요

1

'시(市)' 자를 넣어, 밑줄 친 곳에 공통으로 들어갈 어휘를 쓰세요.

○○시의 주민들은 낡아서 위험한 농구장을 고쳐 줄 것을 ___ㅅㅊ___에 요청했고, ___ㅅㅊ___은 이를 받아들여 농구장을 안전하게 수리했습니다.

[✎]

2

빈칸에 가장 알맞은 한자(漢字)를 고르세요.

시장 시(市) + [ ] → '도시의 안.'을 뜻하는 어휘.

① 안 내(內) ② 백성 민(民) ③ 거리 가(街)
④ 서울 경(京) ⑤ 도읍 도(都)

3

밑줄 친 어휘의 쓰임이 어색한 문장을 골라 그 기호를 쓰세요.

㉠ 할머니와 함께 간 시장에는 신기한 것이 많았습니다.
㉡ 부모님은 직접 기른 채소를 시장과 대형 마트에 팔았습니다.
㉢ 청년은 정치, 경제, 문화의 중심인 시장에서 나고 자랐습니다.

[✎]

4

보기와 같이 여러 어휘를 포함하는 어휘를 고르세요.

보기

소 말 닭 돼지 — 동물

서울 대전 광주 부산 — [ ]

① 수도 ② 도시 ③ 시가 ④ 시장 ⑤ 시민

글 쓰며 표현力 높여요

정답과 해설 125쪽

‘시장 시(市)’가 들어가는 어휘를 넣어서 글을 써 보세요.

먼 지역에 사는 친구가 내가 사는 곳에 놀러 온대요. 우리 동네 어디에서 무엇을 할까요? 설레는 마음으로 친구와 어디를 갈지 계획을 세워 볼까요?

도움말 시장, 도시, 시내, 시청, 시립 등에 ‘시장 시(市)’가 들어가요.

예 친구야. 우리 동네에 놀러 오면 가장 먼저 시내에 있는 시장에 가 보자. 시장 안에는 먹을거리, 볼거리가 많아서, 우리의 눈과 입이 행복해질 거야. 그 다음엔 시립 도서관에 가서 함께 책을 읽는 것도 좋을 것 같아.

따라 쓰며 한자力 완성해요

오늘의 학습을 평가해 보아요. 부족함 보통임 잘함

《 공부한 날짜 월 일 》

20 긴 장(長)

머리카락이 긴 사람을 나타낸 글자로, '길다'를 뜻하고 '장'이라고 읽습니다.

◎ 오늘 배울 한자를 색칠해 보세요.

'긴 장(長)'이 들어간 어휘

정답과 해설 126쪽

[1~4] 두 개의 뜻 중에서 어휘의 알맞은 뜻을 찾아 ✓표를 하세요.

국어

장화 (긴 長 / 신 靴)

1
- [x] 목이 길게 올라오는 신.
- [ ] 목이 짧아 발목 아래로 오는 구두.

오늘은 비가 주룩주룩 내렸다. 나는 노란 장화를 신고 학교에 갔다.

수학

성장 (이룰 成 / 긴 長)

2
- [ ] 자라서 어른이 된 사람.
- [ ] 사람이나 동식물 등이 자라서 점점 커짐.

나의 2학년 성장 이야기를 완성하고 친구들에게 말해 봅시다.

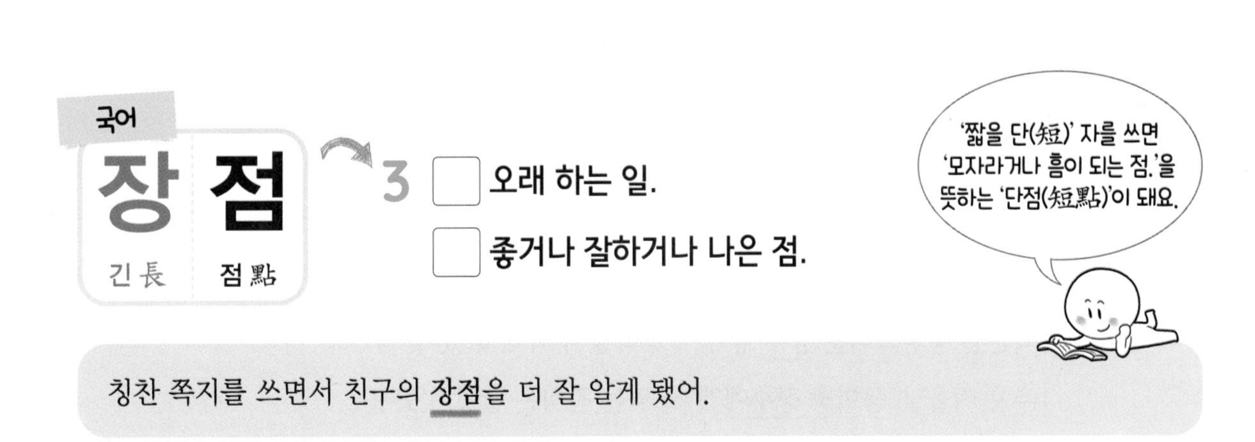

국어

장점 (긴 長 / 점 點)

3
- [ ] 오래 하는 일.
- [ ] 좋거나 잘하거나 나은 점.

칭찬 쪽지를 쓰면서 친구의 장점을 더 잘 알게 됐어.

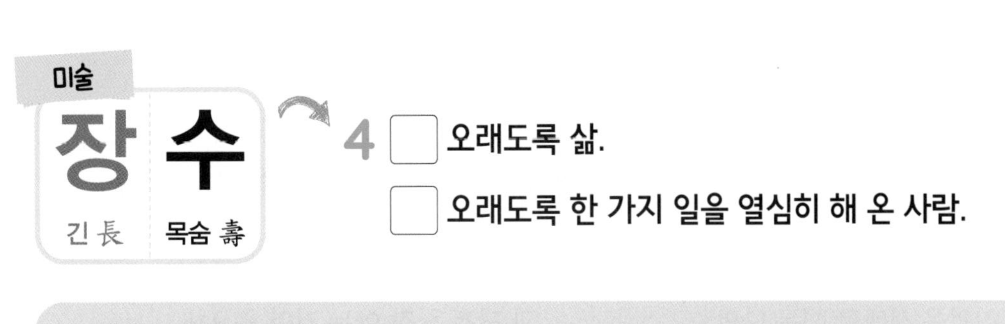

미술

장수 (긴 長 / 목숨 壽)

4
- [ ] 오래도록 삶.
- [ ] 오래도록 한 가지 일을 열심히 해 온 사람.

이 꽃에는 왕실의 평화와 장수, 건강 등을 기원하는 마음이 담겨 있답니다.

문제로 어휘力 높여요

1 왼쪽에 있는 한자(漢字)와 뜻이 반대인 한자에 ✔표를 하세요.

長

☐ 時(때 시)　☐ 短(짧을 단)　☐ 高(높을 고)

2 밑줄 친 어휘와 바꾸어 쓸 수 있는 어휘를 고르세요.

- 마냥 어린 줄 알았던 네가 벌써 이렇게 성장했구나.
- 작은 새싹에게 사랑을 쏟았더니, 어느새 내 키만큼 성장했구나.

① 줄었구나.　② 자랐구나.　③ 길렀구나.
④ 참았구나.　⑤ 오래됐구나.

3 밑줄 친 어휘가 보기의 뜻으로 쓰인 것에 ✔표를 하세요.

보기
장수(長壽): 뜻 오래 삶.

☐ 규칙적인 운동을 하면 건강하게 장수할 수 있다.
☐ 적군은 용맹스러운 장수 앞에서 항복할 수밖에 없었다.
☐ 추운 겨울날, 붕어빵 장수에게 사 먹는 간식은 꿀맛이었다.

4 빈칸에 '긴 장(長)'이 들어간 어휘를 쓰세요.

1 ☐☐를 신으면 비 오는 날, 발이 물에 젖지 않게 할 수 있어.
↳ 목이 길게 올라오는 신.

2 직업을 선택할 때는 나의 ☐☐과 단점을 잘 아는 것이 중요해.
↳ 좋거나 잘하거나 나은 점.

글 쓰며 표현力 높여요

정답과 해설 126쪽

◎ '긴 장(長)'이 들어가는 어휘를 넣어서 글을 써 보세요.

저런, 친구가 어디가 불편한지 얼굴 표정이 좋지 않아 보이네요. 건강을 위해 오랫동안 지켜 온 나만의 비법이 있다면 친구에게 알려 주세요.

 도움말 성장, 장점, 장수, 장기적, 장시간 등에 '긴 장(長)'이 들어가요.

예 난 아침에 일어나자마자 물 한 잔 마시는 것을 장기적으로 실천해 왔어. 텔레비전 프로그램에 나온 어르신이 장수 비결로 말씀해 주신 방법이야. 너도 실천해 봐.

따라 쓰며 한자力 완성해요

오늘의 학습을 평가해 보아요. 부족함 보통임 잘함

16~20 독해로 마무리해요

정답과 해설 127쪽

1~2 다음 글을 읽고, 물음에 답하세요.

'서울'은 현재 대한민국의 수도이자, 오백 년 동안 조선의 중심지로서 중요한 역할을 한 곳입니다. 또한 일제 강점기와 전쟁의 아픔을 겪고도 정치, 경제적으로 놀랍게 성장(成長)하며, 우리나라의 역사와 민족(民族)의 문화를 깊이 있게 담고 있습니다. 서울에는 건축미가 뛰어난 조선 시대의 궁궐과 한옥(韓屋) 마을, 오랜 시간 함께 해 온 전통 시장(市場), 숭례문을 비롯한 1,000여 개의 국보, 정치와 행정을 이끌어 나가는 서울특별시청(市廳) 등 볼거리가 가득합니다. 한국인(韓國人)이라면 누구나 애정(愛情)을 갖고 찾게 되는 서울. 이렇듯 서울의 풍부한 환경은 정치, 경제, 행정, 문화의 발전을 이끌고 서울을 세계적인 도시(都市)로 발돋움하게 하는 원동력이 되고 있습니다.

1 이 글의 핵심 내용을 파악하여 빈칸에 알맞은 말을 쓰세요.

우리나라의 역사와 문화를 담고 있는 곳, ☐☐.

2 이 글에서 제시한 '서울의 볼거리'가 아닌 것을 고르세요.

① 숭례문　② 한옥 마을　③ 전통 시장
④ 서울특별시청　⑤ 신라 시대의 궁궐

교학상장

교 가르칠 教　학 배울 學　상 서로 相　장 긴/자랄 長

중국의 『예기(禮記)』에 나오는 말로 '배워 본 이후에 자기의 부족함을 알 수 있으며, 가르친 후에야 비로소 어려움을 안다.'라는 말에서 유래되었습니다. 서로 가르치고 배우면서 성장하는 것, 또는 그런 사이를 '교학상장'이라고 합니다.

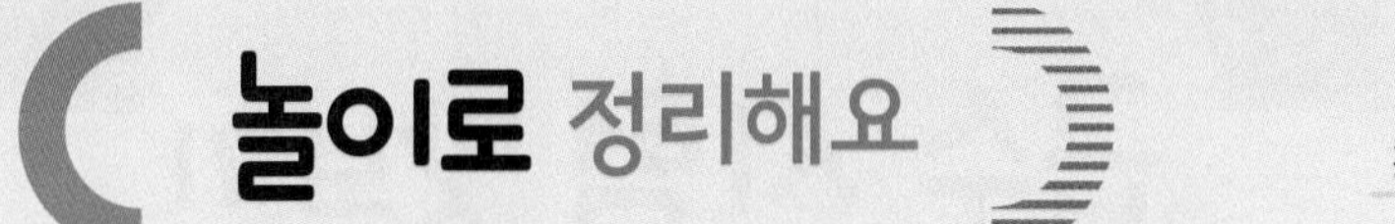

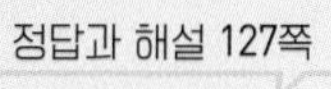

설명을 참고하여 한자 어휘 지도를 완성해 보세요.

비 : 뜻이 비슷한 어휘 반 : 뜻이 반대되는 어휘

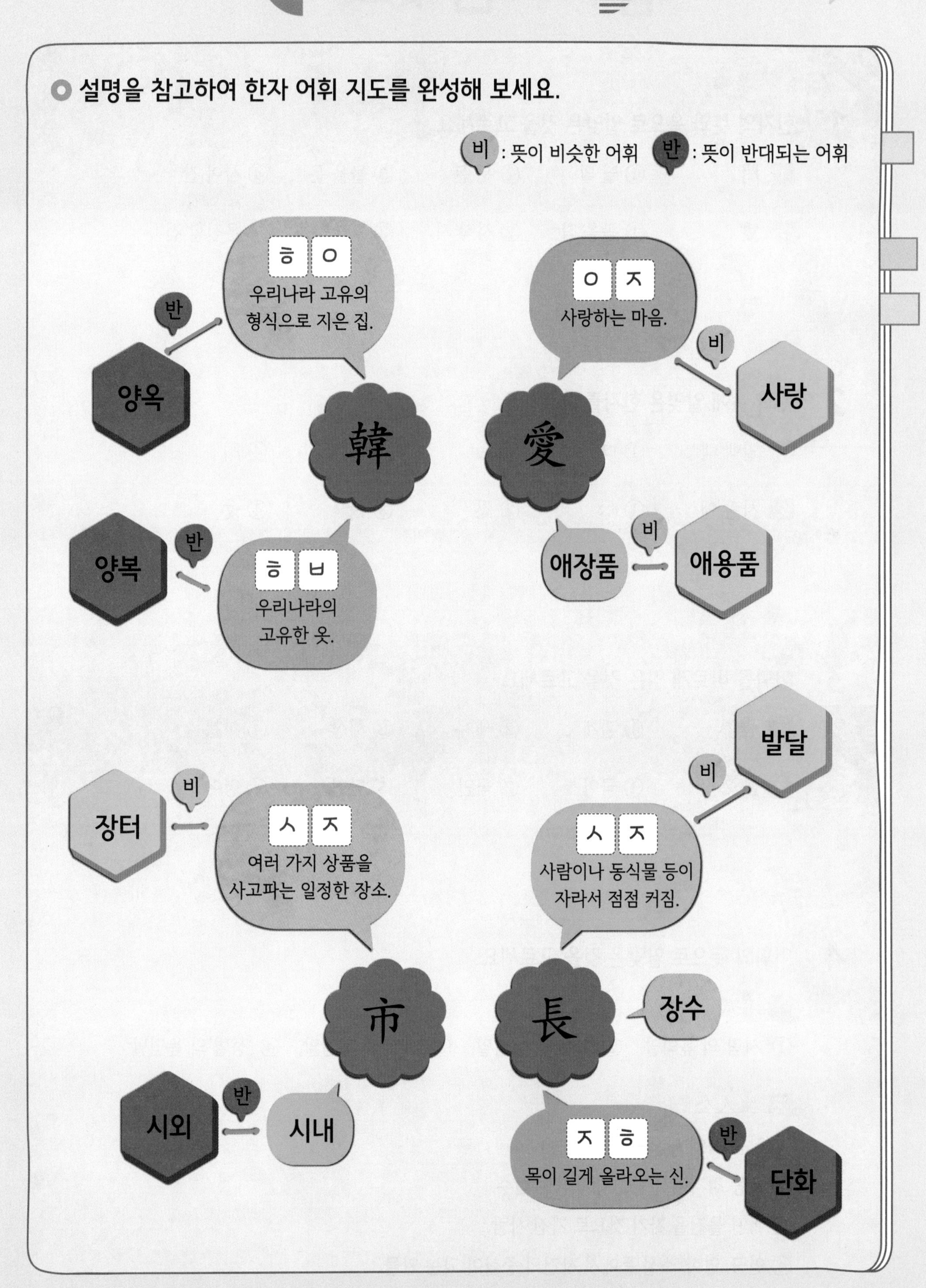

급수 시험 맛보기

1 한자의 뜻과 음으로 알맞은 것을 고르세요.

1 間 ① 날 일 ② 문 문 ③ 물을 문 ④ 사이 간

2 重 ① 곧을 직 ② 시장 시 ③ 무거울 중 ④ 온전할 전

2 뜻과 음에 알맞은 한자를 고르세요.

1 일백 백 ① 口 ② 白 ③ 百 ④ 同

2 사랑 애 ① 心 ② 忍 ③ 情 ④ 愛

3 어휘를 바르게 읽은 것을 고르세요.

1 世界 ① 관계 ② 세계 ③ 세상 ④ 시계

2 國語 ① 국어 ② 국민 ③ 단어 ④ 영어

4 어휘의 뜻으로 알맞은 것을 고르세요.

1 年歲

① '사람'의 높임말. ② '이름'의 높임말. ③ '나이'의 높임말. ④ '성별'의 높임말.

2 主人公

① 작품 속에 나오는 모든 인물.

② 운동 경기에서 팀을 대표하는 선수.

③ 어떤 물건을 자기 것으로 가진 사람.

④ 연극, 영화, 소설 등에서 사건의 중심이 되는 인물.

정답과 해설 128쪽

5 밑줄 친 어휘를 바르게 읽은 것을 고르세요.

1 그릇에 담긴 콩의 個數를 세어 봅시다.

① 개수 ② 급수 ③ 점수 ④ 숫자

2 오늘 비가 많이 온다고 해서 학교에 長靴를 신고 갔다.

① 단화 ② 목화 ③ 장화 ④ 장마

6 밑줄 친 어휘를 한자로 바르게 쓴 것을 고르세요.

나는 미래에 어떤 직업을 갖게 될지 궁금해.

① 未來 ② 由來 ③ 將來 ④ 過去

7 다음 한자와 음이 같은 한자를 고르세요.

1 文 ① 母 ② 民 ③ 問 ④ 萬

2 市 ① 內 ② 時 ③ 食 ④ 直

8 電話와 뜻이 비슷한 어휘를 고르세요.

① 通話 ② 手話 ③ 童話 ④ 通行

9 빈칸에 공통으로 들어갈 한자를 고르세요.

□服 □屋 □半島

① 日 ② 中 ③ 美 ④ 韓

정답과 해설

정답
QR 코드

완자

공부력 가이드

완자 공부력 시리즈는
앞으로도 계속 출간될 예정입니다.

완자 공부력 시리즈로 공부 근육을 키워요!

매일 성장하는
초등 자기개발서
완자
공부력

학습의 기초가 되는 읽기, 쓰기, 셈하기와 관련된
공부력을 키워야 여러 교과를 터득하기 쉬워집니다.
또한 어휘력과 독해력, 쓰기력, 계산력을 바탕으로 한
'공부력'은 자기주도 학습으로 상당한 단계까지 올라갈 수
있는 밑바탕이 되어 줍니다. 그래서 매일 꾸준한 학습이 가능한
'**완자 공부력 시리즈**'로 공부하면 **자기주도학습이 가능한**
튼튼한 공부 근육을 키울 수 있을 것이라 확신합니다.

효과적인 공부력 강화 계획을 세워요!

학년별 공부 계획

내 학년에 맞게 꾸준하게 공부 계획을 세워요!

		1-2학년	3-4학년	5-6학년
기본	독해	국어 독해 1A 1B 2A 2B	국어 독해 3A 3B 4A 4B	국어 독해 5A 5B 6A 6B
	계산	수학 계산 1A 1B 2A 2B	수학 계산 3A 3B 4A 4B	수학 계산 5A 5B 6A 6B
	어휘	전과목 어휘 1A 1B 2A 2B	전과목 어휘 3A 3B 4A 4B	전과목 어휘 5A 5B 6A 6B
		파닉스 1 2	영단어 3A 3B 4A 4B	영단어 5A 5B 6A 6B
확장	어휘	전과목 한자 어휘 1A 1B 2A 2B	전과목 한자 어휘 3A 3B 4A 4B	전과목 한자 어휘 5A 5B 6A 6B
	쓰기	맞춤법 바로 쓰기 1A 1B 2A 2B		
	독해		한국사 독해 인물편 1 2 3 4	
			한국사 독해 시대편 1 2 3 4	

시기별 공부 계획

학기 중에는 **기본**, 방학 중에는 **기본 + 확장**으로 공부 계획을 세워요!

방학 중			
학기 중			
기본			확장
독해	계산	어휘	어휘, 쓰기, 독해
국어 독해	수학 계산	전과목 어휘	전과목 한자 어휘
		파닉스(1~2학년) 영단어(3~6학년)	맞춤법 바로 쓰기(1~2학년) 한국사 독해(3~6학년)

예시 초1 학기 중 공부 계획표 주 5일 하루 3과목 (45분)

월	화	수	목	금
국어 독해	국어 독해	국어 독해	국어 독해	국어 독해
수학 계산	수학 계산	수학 계산	수학 계산	수학 계산
전과목 어휘	파닉스	전과목 어휘	전과목 어휘	파닉스

예시 초4 방학 중 공부 계획표 주 5일 하루 4과목 (60분)

월	화	수	목	금
국어 독해	국어 독해	국어 독해	국어 독해	국어 독해
수학 계산	수학 계산	수학 계산	수학 계산	수학 계산
전과목 어휘	영단어	전과목 어휘	전과목 어휘	영단어
한국사 독해 인물편	전과목 한자 어휘	한국사 독해 인물편	전과목 한자 어휘	한국사 독해 인물편

01 때 시(時)

‘때 시(時)’가 들어간 어휘

본문 9쪽

1	시각(時刻)	[☐ 장소 ǀ ☑ 시간]의 어느 한 순간.
2	시계(時計)	[☑ 시간 ǀ ☐ 거리]을 재거나 [☑ 시각 ǀ ☐ 거리]을 나타내는 기계나 장치.
3	시기(時期)	어떤 일이나 현상이 [☑ 진행되는 시점 ǀ ☐ 지나간 다음].
4	동시(同時)	[☐ 짧은 시간 ǀ ☑ 같은 때]나 시기.

문제로 어휘力 높여요

본문 10쪽

1 시각

주어진 문장은 9시 10분이라는 정확한 순간을 나타내고 있다. 그러므로 ‘시간의 어느 한 순간.’을 뜻하는 ‘시각(時刻)’이 들어가야 한다. ‘시절(時節)’은 ‘일정한 시기나 때.’, ‘시국(時局)’은 ‘현재 나라나 사회 안팎의 형편.’을 뜻하는 어휘이다.

2 1 ㉡ 2 ㉠

1 의 ‘동시(童詩)’는 어린이가 짓거나 어린이를 독자로 예상하고 어린이의 정서를 읊은 시를 말하고, 2 의 ‘동시(同時)’는 같은 때나 시기를 말한다. 이처럼 소리는 같으나 뜻이 다른 어휘를 ‘동음이의어’라고 한다.

3 시계

4 ②, ④

‘시청자(視聽者)’는 ‘텔레비전의 방송 프로그램을 시청하는 사람.’이라는 뜻으로, 여기에 쓰인 ‘시(視)’는 ‘볼 시’이다. ‘시장(市場)’은 ‘여러 가지 상품을 사고파는 일정한 장소.’라는 뜻으로, 여기에 쓰인 ‘시(市)’는 ‘시장 시’이다.

글 쓰며 표현力 높여요

본문 11쪽

예시 지원아, 아침마다 일어나기 힘들지? 네 생일 선물로 숫자가 커다랗게 쓰인 알람 시계를 준비했어. 이걸로 시계 보는 연습도 하고, 네가 일어나야 하는 시각도 맞춰 놓도록 해. 이 시계를 통해 제대로 시계 보는 법을 알고 늦지 않게 준비하면 시간을 알차게 사용할 수 있을 거야.

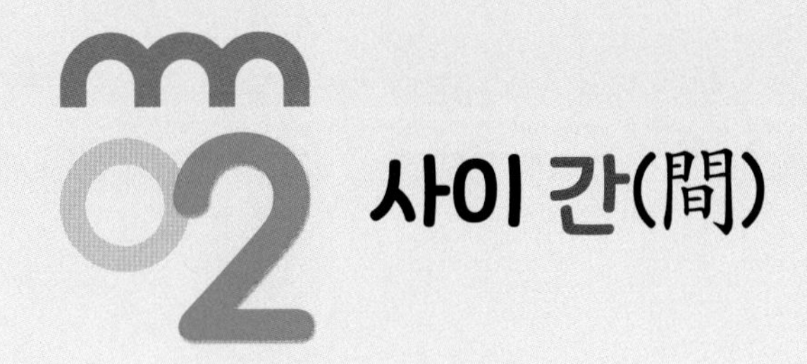

사이 간(間)

‘사이 간(間)’이 들어간 어휘

본문 13쪽

1	시간(時間)	어떤 시각에서 다른 시각까지의 [□ 사건 ㅣ ☑ 사이].
2	인간(人間)	생각을 하고 [☑ 언어 ㅣ □ 꼬리]를 사용하며, 도구를 만들어 쓰고 사회를 이루어 사는 동물.
3	간격(間隔)	공간적이나 시간적으로 [☑ 벌어진 사이 ㅣ □ 변함없는 관계].
4	야간(夜間)	해가 [□ 뜬 ㅣ ☑ 진] 뒤부터 먼동이 트기 전까지의 동안.

문제로 어휘力 높여요

본문 14쪽

1 인간

2 기간

제시된 문장에서 ‘시간(時間)’은 어떤 시각에서 어떤 시각까지의 사이라는 의미로 쓰였다. 이와 가장 비슷한 어휘는 어느 때부터 다른 어느 때까지의 동안이라는 의미의 ‘기간(期間)’이다. ‘겨를’은 어떤 일을 하다가 생각 따위를 다른 데로 돌릴 수 있는 시간적인 여유라는 의미이고, ‘시점’은 시간의 흐름 가운데 어느 한 순간, ‘시각’은 시간의 어느 한 순간이라는 의미이다. 모두 ‘시간’과 어느 정도는 유사한 의미를 지니고 있으나, 제시된 문장에서 바꾸어 쓰기에는 적절하지 않다.

3 시간적으로 벌어진 사이.

제시된 문장은 전철이 10분에 한 대씩 역에 들어온다는 뜻이며, 이 문장에서 ‘간격(間隔)’은 ‘시간적으로 벌어진 사이.’라는 의미로 쓰였다.

4 1 주간 2 중앙

1 ‘야간(夜間)’은 해가 진 뒤부터 먼동이 트기 전까지의 동안이라는 의미로, 이와 반대의 뜻을 지닌 어휘는 먼동이 터서 해가 지기 전까지의 동안을 의미하는 ‘주간’이다.

2 ‘중간(中間)’은 공간이나 시간 따위의 가운데라는 의미로, 이와 비슷한 뜻의 어휘는 사방의 중심이 되는 한가운데를 의미하는 ‘중앙’이다.

글 쓰며 표현力 높여요

본문 15쪽

예시 주간의 활동을 열심히 하느라 에너지를 많이 쓴 내 몸이 맛있는 간식을 통해 하루의 시간을 마무리하고 싶은 것 같아요. 그래서 야간에는 배고픔이 더 잘 느껴지는 것이 아닐까요?

03 해 년(年)

‘해 년(年)’이 들어간 어휘

본문 17쪽

	어휘	뜻
1	학년(學年)	☐ 일 개월을 단위로 구분한 학교 교육의 단계. ☑ 일 년을 단위로 구분한 학교 교육의 단계.
2	내년(來年)	☐ 올해의 바로 이전 해. ☑ 올해의 바로 다음 해.
3	매년(每年)	☑ 한 해 한 해. 해마다. ☐ 다음 해를 지난 그다음 해.
4	연세(年歲)	☑ ‘나이’의 높임말. ☐ ‘이름’의 높임말.

문제로 어휘力 높여요

본문 18쪽

1 ③

‘노년’, ‘작년’, ‘연세’, ‘생년월일’은 모두 ‘해’의 의미가 포함된 단어로, ‘해 년(年)’이 쓰였다. 그러나 ‘연결’은 사물과 사물을 서로 잇거나 현상과 현상이 관계를 맺게 한다는 의미로, ‘잇닿을 연(連)’이 쓰였다.

2 1 내년 2 학년

3 해마다

‘매년’은 ‘한 해 한 해. 해마다.’라는 뜻의 어휘이다. 그러므로 ‘해마다’와 바꾸어 쓸 수 있다.

4 ②

빈칸에는 어휘와 높임말이 짝지어져야 한다. ‘말’은 사람의 느낌이나 생각을 표현하는 음성 기호이고, ‘글자’는 말을 적는 일정한 체계의 부호이므로, 어휘와 높임말의 관계라고 볼 수 없다.

글 쓰며 표현力 높여요

본문 19쪽

예시 부끄러움이 많은 성격이라 작년 입학했을 때부터 지금까지 친구들과 깊이 친해지지 못한 것 같아요. 내년에는 좀 더 적극적으로 친구들에게 다가가서 재밌는 추억을 많이 쌓고 싶어요. 또 공부도 더 열심히 할 거예요!

04 세상 세(世)

'세상 세(世)'가 들어간 어휘

본문 21쪽

1	세계(世界)	지구상의 모든 [☐ 생물 | ☑ 나라]. 또는 인류 사회 전체.
2	세상(世上)	사람이 [☑ 살고 있는 | ☐ 살 수 없는] 모든 사회를 통틀어 이르는 말.
3	세기(世紀)	① [☐ 십 년 | ☑ 백 년] 동안을 세는 단위. ② [☐ 십 년 | ☑ 백 년]을 단위로 하는 기간.
4	후세(後世)	① [☐ 이전 | ☑ 다음]에 오는 세상. ② [☐ 이전 | ☑ 다음] 세대의 사람들.

문제로 어휘力 높여요

본문 22쪽

1 지구상의 모든 나라.

제시된 문장에서는 '세계에서 가장 높은 산'이라고 하였는데, 이때의 '세계'는 지구상의 모든 나라를 의미한다.

2 1 ㉠ 2 ㉡

'세상'은 문장 안에서 다양한 뜻으로 쓰일 수 있는데, 1 에서는 사람이 살고 있는 모든 사회를 통틀어 이르는 말로, 2 에서는 '비할 바 없이', '아주'의 뜻을 나타내는 말로 쓰였다. 이 외에도 '따뜻한 세상이다.'에서처럼 '세상 사람들의 마음.'이라는 뜻으로 쓰일 수 있다.

3 세기

4 학문을 [ ]의 수단으로 이용하는 사람도 있습니다.

'후세의 수단'이라는 말은 문맥상 어색하다. 해당 문장의 빈칸에는 사회적으로 높은 지위에 오르거나 유명하게 된다는 의미의 '출세'가 들어가는 것이 적절하다.

글 쓰며 표현力 높여요

본문 23쪽

예시 나의 아이야. 이 세상에 온 것을 진심으로 환영해. 세계에는 아름다운 것들이 정말 많단다. 아빠는 네가 앞으로 많은 것을 보고 느끼며 우리 때보다 더 행복한 세대로 살아가면 좋겠어.

05 올 래(來)

'올 래(來)'가 들어간 어휘

본문 25쪽

1 **미래(未來)**
- ☐ 이미 지나간 때.
- ☑ 앞으로 올 때.

2 **유래(由來)**
- ☑ 사물이나 일이 생겨남. 또는 그 사물이나 일이 생겨난 바.
- ☐ 사물이나 일이 사라짐. 또는 그 사물이나 일이 사라진 바.

3 **장래(將來)**
- ☐ 이전부터 행한 방식이나 법칙.
- ☑ ① 다가올 앞날. ② 앞으로의 가능성이나 전망.

4 **전래(傳來)**
- ☐ 후손에게 전해 줌.
- ☑ 예로부터 전하여 내려옴.

문제로 어휘力 높여요

본문 26쪽

1 미래, 미래

2 유래

빈칸에는 '사물이나 일이 생겨남. 또는 그 사물이나 일이 생겨난 바.'를 뜻하는 어휘인 '유래(由來)'가 들어가야 한다.

3 1 ㉡ 2 ㉠

4 영화

'전래(傳來)'는 예로부터 전하여 내려온다는 의미이다. 예로부터 전하여 내려오는 동요, 민요, 동화를 '전래 동요', '전래 민요', '전래 동화'라고 한다. 그러나 '영화'는 현대 문물이 발전한 후에 생긴 것으로, '전래 영화'라고 쓰기는 어색하다.

글 쓰며 표현力 높여요

본문 27쪽

예시 저는 미래에 디자이너가 되고 싶어요. 그래서 내일부터는 방과 후 교육으로 미술 수업을 들을 거예요. 내년에는 미술 공모전에도 참여해서 다양한 경험을 쌓을 거예요.

01~05 독해 / 놀이

독해로 마무리해요

본문 28쪽

1 ①

이 글은 우리 민족의 최대 명절인 '설'에 하는 일과 그 의미에 대해 설명하고 있으므로, 중심 소재는 '설'이다.

2 ①

글쓴이는 설에 하는 일을 설명한 뒤, 독자들에게 이 글에 제시되지 않은 설의 유래를 찾아보면서 전통문화에 대한 흥미를 느껴 보라고 권유하고 있다.

놀이로 정리해요

본문 29쪽

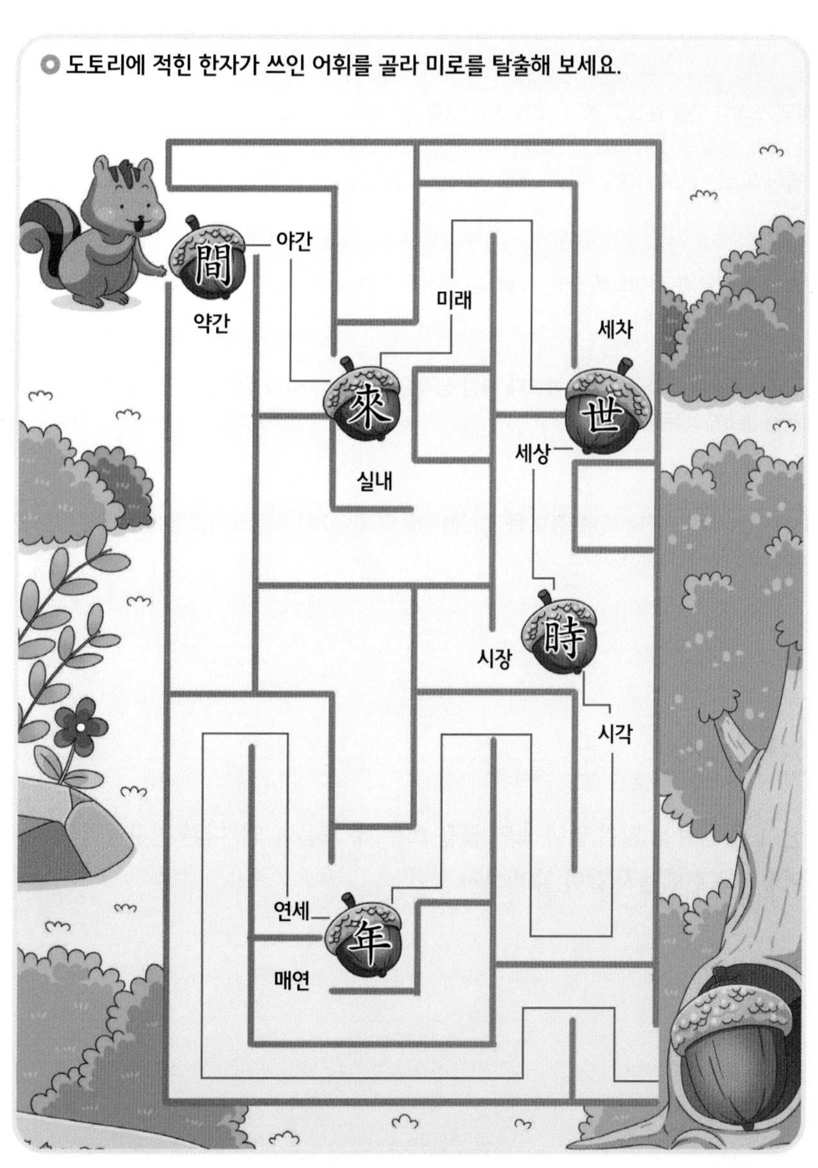

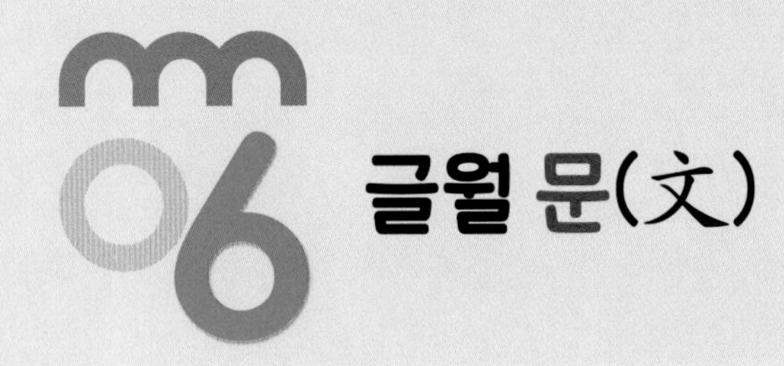

06 글월 문(文)

'글월 문(文)'이 들어간 어휘

본문 31쪽

1 **문자(文字)**
- [x] 말을 눈으로 읽을 수 있게 나타낸 기호.
- [ ] 생각이나 느낌 등을 표현하고 전달하는 사람의 목소리.

2 **문장(文章)**
- [ ] 쉼표처럼 말의 뜻을 보완하기 위해 쓰는 기호.
- [x] 생각을 전할 때 하나의 정리된 뜻을 나타내는 최소 언어 단위.

3 **문화(文化)**
- [ ] 생각이나 사실 등을 글로 써서 표현하는 일.
- [x] 한 사회의 예술, 도덕, 종교 등 정신적 활동의 바탕.

4 **감상문(感想文)**
- [x] 어떤 사물이나 현상을 보고 느낀 바를 쓴 글.
- [ ] 자신의 잘못이나 부족함을 돌이켜 보며 쓴 글.

문제로 어휘力 높여요

본문 32쪽

1 문자

'글자'는 말의 소리나 뜻을 눈으로 볼 수 있게 쓴 기호를 의미하는 어휘로, '문자(文字)'와 뜻이 비슷하다. '신호(信號)'는 일정한 부호, 표지, 소리, 몸짓 등으로 내용을 전달하거나 지시하는 것을 가리키는 말이고, '도형(圖形)'은 점, 선, 면, 체 또는 그것들의 집합을 통틀어 이르는 말로 사각형, 원, 구 등을 의미한다. '표시(標示)'는 표를 하여 외부에 드러내 보임을 의미한다.

2 감상문

공연을 보고 느낀 점을 쓴 글이므로, 어떤 사물이나 현상을 보고 느낀 바를 쓴 글인 '감상문(感想文)'을 가리킨다.

3 5개

'문장'이란 '나는 학교에 간다.'나 '꽃이 예쁘다.'처럼 생각을 전할 때 하나의 정리된 뜻을 나타내는 최소 언어 단위를 뜻한다. 제시된 글에서는 총 5개의 문장이 쓰였다.

4 문화

'문화(文化)'는 한 사회의 예술, 도덕, 종교 등 정신적 활동의 바탕이다. 나라마다 고유의 문화가 있으므로 서로의 문화를 이해하고 존중하는 자세가 중요하다.

글 쓰며 표현力 높여요

본문 33쪽

예시 다른 사람이 쓴 문장을 많이 읽어 보면 글을 쓰는 데 도움이 돼. 다른 친구들이 독서 감상문에서 자신의 생각을 어떻게 표현했는지 같이 읽어 보자.

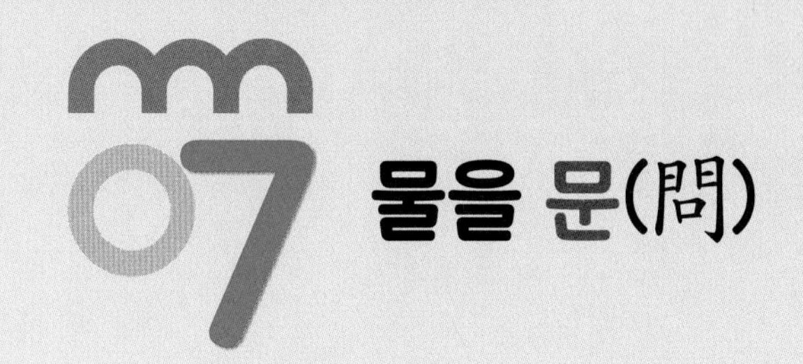

물을 문(問)

'물을 문(問)'이 들어간 어휘

본문 35쪽

1	문제(問題)	해답을 요구하는 [☑ 물음 | ☐ 느낌].
2	질문(質問)	알고자 하는 바를 얻기 위해 [☐ 답함 | ☑ 물음].
3	문답(問答)	[☑ 물음 | ☐ 행동]과 대답. 또는 서로 묻고 [☐ 실천함 | ☑ 대답함].
4	문안(問安)	[☐ 친구에게 | ☑ 웃어른께] 안녕하신지를 [☑ 묻고 | ☐ 답하고] 인사를 드리는 일.

문제로 어휘力 높여요

본문 36쪽

1 문제

무언가의 정답을 찾아 해결한다는 내용이므로, 해답을 요구하는 물음을 의미하는 '문제(問題)'가 알맞다.

2 '질의응답'이라는 어휘와 바꾸어 쓸 수 있다.

'문답(問答)'은 물음과 대답. 또는 서로 묻고 대답함을 의미하는 어휘로, 의심나거나 모르는 점을 묻고 물음에 대답하는 일을 의미하는 '질의응답'과 바꾸어 쓸 수 있다. '문답'은 '問(물을 문)'과 '答(대답 답)'이 합하여 만들어진 어휘로, 글자의 뜻이 서로 반대된다.

3 물음, 대답

'질문(質問)'은 '알고자 하는 바를 얻기 위해 물음.'을 뜻한다. 따라서 비슷한 뜻을 가진 어휘는 '물음'이고, 반대의 뜻을 가진 어휘는 '대답'이다.

4 ㉢

'문안(問安)'은 웃어른께 하는 인사이므로, 친구와 인사하는 상황에 어울리지 않는다.

글 쓰며 표현力 높여요

본문 37쪽

예시 설문지를 만들어서 나눠 주는 건 어때? 질문에 답을 적기만 하면 되니까 학생들도 편하게 답변할 수 있고, 나중에 조사한 내용을 우리가 정리하기도 편할 거야.

주인 주(主)

'주인 주(主)'가 들어간 어휘

본문 39쪽

1	주인(主人)	☐ 물건을 구하러 오는 사람. ☑ ① 어떤 물건을 자기 것으로 가진 사람. ② 손님을 맞는 사람.
2	주장(主張)	☐ 운동 경기에서, 팀을 대표하는 선수. ☑ 자기의 생각을 굳게 내세움. 또는 그 생각.
3	민주(民主)	☑ 국민이 나라의 주인으로서 권력을 갖는 것. ☐ 임금이 나라의 통치자로서 권력을 갖는 것.
4	주인공(主人公)	☐ 작품 속에 나오는 모든 인물. ☑ ① 연극, 영화, 소설 등에서 사건의 중심이 되는 인물. ② 어떤 일에서 중심이 되는 사람.

문제로 어휘力 높여요

본문 40쪽

1 주인공

문장의 내용으로 보아 첫 번째 문장에는 '어떤 일에서 중심이 되는 사람.'을 뜻하는 어휘가, 두 번째 문장에는 '연극, 영화, 소설 등에서 사건의 중심이 되는 인물.'을 뜻하는 어휘가 들어가는 것이 적절하다. 그러므로 빈칸에는 '주인공(主人公)'이 알맞다.

2 의견

제시된 문장에서 '주장(主張)'은 '자기의 생각을 굳게 내세움. 또는 그 생각.'을 의미하는 말로, 어떤 일에 대한 생각을 뜻하는 '의견(意見)'과 바꾸어 쓸 수 있다.

3 ㉡

'민주(民主)'는 국민이 나라의 주인으로서 권력을 갖는 것을 의미하므로, 국민이 모든 결정의 중심에 있을 때에 '민주적'이라고 표현한다. 따라서 '민주'라는 어휘는 다른 사람과 상의 없이 일을 처리한다는 ㉡의 내용에 어울리지 않는다.

4 주인

'손님'은 물건을 구하기 위해 가게에 온 사람을 의미한다. 따라서 '손님'과 반대되는 어휘는 어떤 물건을 자기 것으로 가진 사람이나, 손님을 맞는 사람을 뜻하는 '주인(主人)'이다.

글 쓰며 표현力 높여요

본문 41쪽

예시 사람들이 주인공처럼 살 수 있도록, 매일 한 사람씩 돌아가면서 특별한 날을 만들어 주는 거예요. 그날에는 자신이 주체가 되어 원하는 것을 모두 주도할 수 있어요. 그래서 사람들이 행복해하는 것 같아요.

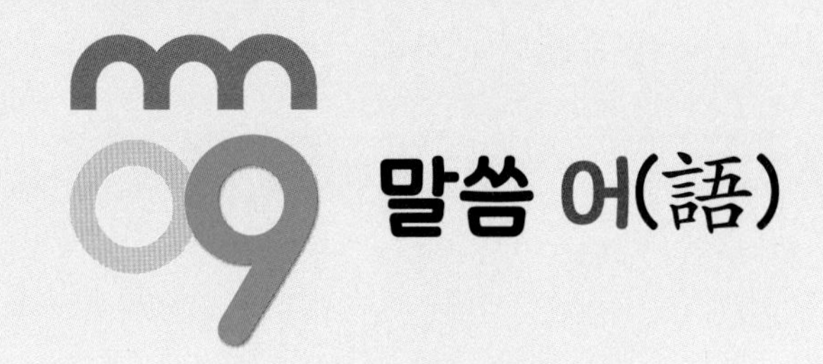

09 말씀 어(語)

○ '말씀 어(語)'가 들어간 어휘

본문 43쪽

1	언어(言語)	생각이나 느낌을 표현하기 위한 소리나 [☑ 문자 ǀ ☐ 낙서] 등의 수단.
2	국어(國語)	① 한 나라의 [☑ 국민 ǀ ☐ 지식인]이 쓰는 말. ② 우리나라의 언어.
3	단어(單語)	뜻을 가지고 홀로 쓰일 수 [☑ 있는 ǀ ☐ 없는] 가장 작은 말의 덩어리.
4	외래어(外來語)	[☑ 외국 ǀ ☐ 인터넷]에서 들어온 말로 국어에서 널리 쓰이는 단어.

문제로 어휘力 높여요

본문 44쪽

1 ⑤

'어부(漁夫)'는 고기잡이를 직업으로 하는 사람을 의미하는 말로, 이때의 '어'는 '고기 잡을 어'이다. '언어(言語)', '용어(用語)', '어원(語原)', '어투(語套)'의 '어'는 모두 '말'을 뜻한다. '언어'는 생각이나 느낌을 표현하기 위한 소리나 문자 등의 수단을, '용어'는 어떤 분야에서 주로 사용하는 말을, '어원'은 한 낱말이 생기게 된 바탕을, '어투'는 말버릇이나 말투를 의미한다.

2 외래어

'외래어(外來語)'는 외국에서 들어온 말로, 국어에서 널리 쓰이는 단어를 가리킨다. 버스, 컴퓨터, 로봇, 케이크, 커피 등이 외래어에 해당한다. '유행어'는 비교적 짧은 시기에 걸쳐 여러 사람의 입에 오르내리는 단어나 구절을 뜻하고, '한자어'는 한자에 기초하여 만들어진 말을 뜻하며, '표준어'는 전 국민이 공통적으로 쓸 수 있게 마련한 공용어를 뜻한다.

3 낱말

'단어(單語)'는 뜻을 가지고 홀로 쓰일 수 있는 가장 작은 말의 덩어리를 의미하며 '낱말'과 뜻이 비슷하다. '글씨'는 말을 적는 일정한 체계의 부호를 뜻하고, '문장'은 생각을 전할 때 하나의 정리된 뜻을 나타내는 최소 언어 단위를 뜻한다.

4 국어

글 쓰며 표현力 높여요

본문 45쪽

예시 산책 - 엄마와 아빠의 화해의 단어이자, 우리 집 강아지의 귀를 쫑긋하게 세우는 마법의 언어.

10 말씀 화(話)

'말씀 화(話)'가 들어간 어휘

본문 47쪽

1 **전화(電話)**
- ☐ 손가락으로 글자판을 눌러 종이에 글자를 찍는 전기 기계.
- ☑ ① 서로 떨어진 사람끼리 말을 주고받을 수 있게 만든 전기 기계. ② 전화기를 이용하여 말을 주고받음.

2 **통화(通話)**
- ☑ ① 전화로 말을 주고받음. ② 통화한 횟수를 세는 말.
- ☐ 편지로 서로 소식을 주고받음.

3 **수화(手話)**
- ☐ 자기가 직접 손으로 쓴 글씨.
- ☑ 손의 모양과 움직임 등으로 주고받는 말.

4 **동화(童話)**
- ☑ 어린이를 위하여 동심을 바탕으로 지은 이야기.
- ☐ 주인공으로 어린이가 등장하는 이야기.

문제로 어휘力 높여요

본문 48쪽

1 ㉠

'평화(平和)'에는 '화목할 화(和)' 자가 쓰인다.

2 통화

빈칸에 공통으로 들어갈 어휘는 '통화(通話)'이다. 첫 번째 문장에서는 '통화한 횟수를 세는 말.'을 뜻하는 어휘로 쓰였고, 두 번째 문장에서는 '전화로 말을 주고받음.'을 뜻하는 어휘로 쓰였다.

3 수화

'수화(手話)'는 손의 모양과 움직임 등으로 주고받는 말을 의미한다. '손짓말'은 '수화(手話)'의 순우리말 표현이다.

4 1 ㉡ 2 ㉠

글 쓰며 표현力 높여요

본문 49쪽

예시 급한 일이 아니라면, 이른 아침이나 늦은 밤에는 되도록 전화 통화를 삼가야 해요.

독해로 마무리해요

본문 50쪽

1 ④

이 글은 한글 창제의 배경을 설명하고 있다. 한글 창제에 대한 학자와 양반들의 반대에도 세종 대왕은 백성을 위해 한글을 창제했으며, 결국 한글의 편리함이 알려지면서 한글이 널리 사용되었다는 내용을 전하고 있다.

2 훈민정음

첫 문장에서 한글의 옛 이름이 훈민정음임을 확인할 수 있다.

놀이로 정리해요

본문 51쪽

◎ 뜻풀이에 해당하는 어휘를 골라 퍼즐을 맞춰 보세요.

11 일백 백(百)

‘일백 백(百)’이 들어간 어휘

본문 53쪽

1	백일(百日)	아이가 태어난 날로부터 [□ 열 I ☑ 백] 번째 되는 날.
2	백성(百姓)	옛날에 일반 [☑ 국민 I □ 군인]을 이르던 말.
3	백화점(百貨店)	[☑ 여러 I □ 한두] 가지 상품을 진열하고 파는 큰 가게.
4	백과사전(百科事典)	[□ 새로운 소식 I ☑ 온갖 지식]을 간단하게 설명하여 찾아보기 쉽게 실은 책.

문제로 어휘 力 높여요

본문 54쪽

1 百

100은 ‘백’이라고 읽으므로, 일백을 뜻하는 ‘百(백)’이 적절하다. ‘月(달 월)’, ‘日(날 일)’, ‘白(흰 백)’ 등은 모양이 비슷하므로 주의하도록 한다.

2 백일

옛날에는 의술이 발달하지 못해 아기가 태어난 지 백일이 되기 전에 죽는 일이 많았다. 그래서 아기가 태어난 지 백일이 지나면 무사히 자란 것을 축하하기 위해 백일잔치를 여는 풍습이 생겼다.

3 ②

여러[百] 가지 상품[貨]을 진열하고 파는 큰 가게[店]는 ‘백화점(百貨店)’이다. 나머지 한자들은 음은 같지만 뜻이 다르다.

4 1 백과 2 백성

1 빈칸의 뒤에 나오는 ‘사전’이라는 어휘를 보고 ‘백과(百科)’가 들어가는 것이 적절함을 알 수 있다.

2 임금님이 쌀과 옷을 나누어 주었으므로, 빈칸에는 일반 국민을 뜻하는 ‘백성(百姓)’이 들어가는 것이 적절하다.

글 쓰며 표현 力 높여요

본문 55쪽

예시 엄마가 좋아하는 백합을 준비하고, 엄마가 자주 보시는 백과사전에 편지를 숨겨 놓는 건 어떨까요? 그리고 백화점 상품권까지 드리면 엄마가 엄청 기뻐하실 것 같아요.

12 일만 만(萬)

‘일만 만(萬)’이 들어간 어휘

본문 57쪽

1 천만(千萬)
- [x] 만의 천 배가 되는 수.
- [ ] 백의 열 배가 되는 수.

2 만세(萬歲)
- [ ] 위로를 하려고 두 손을 모아 조용히 속삭이는 말.
- [x] 축하나 환호를 하려고 두 손을 높이 들면서 외치는 말.

3 만물(萬物)
- [x] 세상에 있는 모든 것.
- [ ] 세상에서 사라진 모든 것.

4 만능(萬能)
- [x] 모든 일을 다 할 수 있음.
- [ ] 한 가지 일만을 할 수 있음.

문제로 어휘力 높여요

본문 58쪽

1 萬

전갈의 모습을 본떠 만들었으며, 의미가 변해 숫자 ‘일만’을 뜻하는 한자는 ‘萬(일만 만)’이다. ‘古’는 ‘옛날 고’, ‘苦’는 ‘쓸 고’, ‘高’는 ‘높을 고’이다.

2 만물

세상에 있는 모든 것을 의미하는 것은 ‘만물(萬物)’이다. ‘동물(動物)’은 짐승, 새, 벌레, 물고기 등의 생물을 의미한다.

3 ⑤

만의 천 배가 되는 수는 ‘천만(千萬)’이다. ③ ‘십만(十萬)’은 만의 열 배, ④ ‘백만(百萬)’은 만의 백 배이다.

4 1 만능 2 만세

1 축구도 잘하고 피구도 잘하는 사람이 되고 싶다는 뜻이므로, 모든 일을 다 할 수 있다는 뜻의 ‘만능(萬能)’이 적절하다.

2 모둠이 일 등을 하여 기뻐 외치는 상황이므로, 축하나 환호를 하려고 두 손을 높이 들면서 외치는 말인 ‘만세(萬歲)’가 적절하다.

글 쓰며 표현力 높여요

본문 59쪽

예시 엄마가 캠핑을 위해 만반의 준비를 해 오셔서, 부족한 것 없이 편하게 시간을 보낼 수 있었다. 만물이 숨 쉬는 숲속에 있으니 건강해지는 기분도 들어 행복했다.

13 셈 수(數)

‘셈 수(數)’가 들어간 어휘

본문 61쪽

1	수학(數學)	[☐ 글자 | ☑ 수]에 대해 배우는 과목.
2	개수(個數)	한 개씩 셀 수 있는 물건의 [☑ 수 | ☐ 값].
3	소수(少數)	[☐ 많은 | ☑ 적은] 수.
4	점수(點數)	[☑ 성적 | ☐ 성격]을 나타내는 숫자.

문제로 어휘力 높여요

본문 62쪽

1 적은 수의 친구들

‘소수(少數)’는 ‘적을 소(少)’와 ‘셈 수(數)’를 합한 어휘로, 적은 수를 의미한다. 따라서 ‘소수 친구들’은 ‘적은 수의 친구들’을 의미한다.

2 수학

덧셈과 뺄셈 문제를 풀었다고 했으므로, 수에 대해 배우는 과목인 ‘수학(數學)’이 적절하다.

3 6개

‘개수(個數)’는 한 개씩 셀 수 있는 물건의 수를 뜻한다. 스티커의 개수를 적으라고 했으므로 제시된 스티커가 몇 개인지 세어 적도록 한다.

4 ②

85점, 70점, 95점은 모두 성적을 나타내는 숫자이므로, ‘점수(點數)’가 가장 적절하다. ① 점검(點檢): 낱낱이 검사함. ③ 다수(多數): 많은 수. ④ 필수(必須): 꼭 있어야 하거나 하여야 함. ⑤ 횟수(回數): 돌아오는 차례의 수효.

글 쓰며 표현力 높여요

본문 63쪽

예시 소수의 친구 덕에 점수가 높아 우리 모둠이 1등을 할 수 있었어. 그래도 다 함께 노력했으니까 사탕의 개수를 똑같이 나누는 게 어떨까?

14 곧을 직(直)

◎ '곧을 직(直)'이 들어간 어휘

본문 65쪽

1 **직선(直線)**
- ☐ 부드럽게 굽은 선.
- ☑ 꺾이거나 굽은 데가 없는 곧은 선.

2 **직접(直接)**
- ☐ 사이에 다른 것을 끼어서.
- ☑ 중간에 다른 것이 끼이지 않고 바로.

3 **직진(直進)**
- ☑ 곧게 나아감.
- ☐ 한쪽으로 돌아 나아감.

4 **솔직(率直)**
- ☑ 거짓이나 숨김이 없이 바르고 곧음.
- ☐ 사실이 아닌 것을 사실인 것처럼 꾸밈.

문제로 **어휘**力 높여요

본문 66쪽

1 ⑤

'곧게' 뻗은 길이라고 하였으므로, '直(곧을 직)'이 적절하다. ① 日(날 일), ② 目(눈 목), ③ 自(스스로 자), ④ 白(흰 백).

2 직진

'곧게 나아간다'고 하였으므로, '직진(直進)'이 적절하다. '회전(돌아올 回, 구를 轉)'은 방향을 바꾸어 움직인다는 뜻이고, '후진(뒤 後, 나아갈 進)'은 뒤쪽으로 나아간다는 뜻이다.

3 1 ㉡ 2 ㉠

1 다른 사람의 도움을 받지 않고 숙제를 한다고 했으므로, 중간에 다른 것이 끼이지 않고 바로 하는 것을 의미하는 '직접(直接)'이 적절하다.

2 잘못한 일을 숨김없이 말한다고 했으므로, 거짓이나 숨김이 없이 바르고 곧음을 의미하는 '솔직(率直)'이 적절하다.

4 ㉠

'직선'은 꺾이거나 굽은 데가 없는 곧은 선을 가리킨다.

글 쓰며 **표현**力 높여요

본문 67쪽

예시 솔직히 말하면 우리 집에 친구가 놀러 오는 건 처음이라 기대돼. 우리 집은 학교와 가까워. 학교에서 집까지 길이 직선으로 뻗어 있어서 그 길 따라 직진해서 오면 돼. ○○ 편의점이 보이면 전화 줘. 내가 직접 데리러 나갈게.

15 무거울 중(重)

'무거울 중(重)'이 들어간 어휘

본문 69쪽

1	체중(體重)	몸의 [☐ 길이 | ☑ 무게].
2	중요(重要)	매우 귀중하고 [☑ 꼭 필요함 | ☐ 필요하지 않음].
3	소중(所重)	매우 [☐ 작음 | ☑ 귀중함].
4	존중(尊重)	[☐ 낮추어 | ☑ 높이어] 귀중하게 대함.

문제로 어휘力 높여요

본문 70쪽

1 ④

과일의 무게를 비교하는 내용이므로, '重(무거울 중)'이 적절하다. ① 中(가운데 중), ② 東(동쪽 동), ③ 車(수레 차), ⑤ 日(날 일).

2 ③

제시된 사진은 몸의 무게를 재는 체중계이므로, 아래에 적혀 있는 '41.5kg'은 '체중(體重)'을 의미하는 것을 알 수 있다. ① 시력(視力): 눈으로 사물을 파악할 수 있는 능력. ② 신장(身長): 몸의 길이(키). ④ 중심(中心): 사물의 한가운데. ⑤ 점수(點數): 성적을 나타내는 숫자.

3 1 존중 2 소중

1 친구와 사이좋게 지내라고 했으므로, 빈칸에 높이어 귀중하게 대함을 뜻하는 '존중(尊重)'이 들어갈 수 있다.

2 동물을 아끼는 마음으로 잘 보살펴야 한다고 했으므로, 빈칸에 매우 귀중함을 뜻하는 '소중(所重)'이 들어갈 수 있다.

4 매우 귀중하고 꼭 필요함.

글 쓰며 표현力 높여요

본문 71쪽

예시 내가 정말 소중하게 쓰던 모자야. 무늬도 정말 멋지지? 내가 최근에 체중이 늘면서 머리도 같이 컸나 봐. 이제 머리에 맞지 않아서 못 쓰게 됐어. 꼭 필요한 사람이 가져가면 좋겠어.

11~15 독해 / 놀이

독해로 마무리해요

본문 72쪽

1 단풍

이 글은 지난 주말에 가족과 함께 공원으로 단풍 구경을 다녀온 일을 적은 글이다.

2 ③

가족과 공원에서 단풍 구경을 한 이야기이다. 놀이터에서 놀았다는 내용은 나와 있지 않다.

놀이로 정리해요

본문 73쪽

16 나라 한(韓)

○ '나라 한(韓)'이 들어간 어휘

본문 75쪽

1	한옥(韓屋)	☐ 짚이나 갈대 등으로 지붕 위를 덮은 집. ☑ 우리나라 고유의 형식으로 지은 집을 이르는 말.
2	한복(韓服)	☑ 우리나라의 고유한 옷. ☐ 우리나라 고유의 제조법으로 만든 종이.
3	한국인(韓國人)	☐ 한 나라에서 함께 사는 사람. ☑ 한국 국적을 가졌거나 우리나라의 혈통과 정신을 가진 사람.
4	한반도(韓半島)	☑ 남북한 국토 전체를 이루는 반도. ☐ 제주특별자치도 중앙에 있는 산.

문제로 어휘力 높여요

본문 76쪽

1 韓

'나라 한(韓)'은 우리나라와 관계된 어휘에 주로 쓰이며, 대한민국을 뜻하는 어휘로도 쓰인다. 따라서 밑줄 친 '우리나라', '한국'에 해당한다. 나머지 한자는 각각 '內(안 내)', '外(바깥 외)', '島(섬 도)'이다.

2 ②

'한국인'은 '한국 국적을 가졌거나 우리나라의 혈통과 정신을 가진 사람.'을 뜻하는 말이므로, '우리나라 사람'은 '한국인'과 바꾸어 쓸 수 있는 말이다.
① 외국인(外 바깥 외, 國 나라 국, 人 사람 인): 다른 나라 사람. ③ 외지인(外 바깥 외, 地 땅 지, 人 사람 인): 그 고장 사람이 아닌 사람. ④ 타국인(他 다를 타, 國 나라 국, 人 사람 인): 다른 나라 사람. ⑤ 이방인(異 다를 이, 邦 나라 방, 人 사람 인): 다른 나라에서 온 사람.

3 한복

한복은 우리나라의 고유한 옷으로, 옛날에는 평상복으로 입었지만 요즈음에는 격식을 차리는 자리에 입거나 명절 때에 주로 입는다.

4 1 전체 2 지은 집

글 쓰며 표현力 높여요

본문 77쪽

예시 난 한복을 좋아해서 특별한 일이 있을 때 종종 입곤 했어. 그런데 한국의 전통 옷인 한복이 세계에서도 아름다운 옷으로 인정받고 있다는 기사를 보았을 때 정말 어깨가 으쓱했었지.

17 사랑 애(愛)

‘사랑 애(愛)’가 들어간 어휘

본문 79쪽

1	애정(愛情)	사랑하는 [☑ 마음 ǀ ☐ 친구].
2	애착(愛着)	몹시 사랑하거나 끌리어서 [☑ 떨어지지 않음 ǀ ☐ 떨어지려고 함]. 또는 그런 마음.
3	애국심(愛國心)	자기 [☑ 나라 ǀ ☐ 학교]를 사랑하는 마음.
4	애장품(愛藏品)	[☐ 애정이 사라진 ǀ ☑ 소중히 간직하는] 물품.

문제로 어휘力 높여요

본문 80쪽

1 사랑

‘애인’, ‘모성애’에는 모두 ‘사랑’이라는 공통된 뜻이 들어있다. 이로 미루어 보아, 밑줄 친 ‘애(愛)’ 자의 의미는 ‘사랑’임을 짐작할 수 있다.

2 1 × 2 ○

‘애국심(愛 사랑 애, 國 나라 국, 心 마음 심)’은 ‘자기 나라를 사랑하는 마음.’을 뜻하는 어휘이다. 1 에서는 ‘애국심’이 힘차게 펄럭이고 있다고 하였으므로 문장의 뜻이 통하지 않는다. 이때는 ‘애국심’ 대신 ‘태극기’가 들어가야 적절하다. 2 에서는 ‘애국심’이 그 뜻에 알맞게 문장에서 활용되었다.

3 애장품

‘애장품(愛 사랑 애, 藏 감출 장, 品 물건 품)’은 ‘소중히 간직하는 물품.’이라는 뜻이다. 선영이와 혜경이는 자신이 아끼는 물건이 무엇인지 이야기하고 있다. 그러므로 대화의 주제는 ‘나의 애장품’이라고 볼 수 있다.

4 애착, 미움

‘애정(愛 사랑 애, 情 뜻 정)’은 ‘사랑하는 마음.’을 의미한다. 이와 뜻이 비슷한 어휘는 ‘몹시 사랑하거나 끌리는 마음.’을 의미하는 ‘애착(愛 사랑 애, 着 붙을 착)’이다. 뜻이 반대되는 어휘는 ‘미워하는 마음.’을 의미하는 ‘미움’이다.

글 쓰며 표현力 높여요

본문 81쪽

예시 내가 애용하고 있는 사진기를 넣어 갈 거야. 사진기가 있어야 여행지에서 사진을 찍을 수 있을 테니까. 지금까지 여행지에서 찍은 사진들을 정리해 놓은 앨범은 내 애장품인데, 이걸 보면 여행지에서의 행복했던 시간이 떠올라서 참 좋아.

18 백성 민(民)

‘백성 민(民)’이 들어간 어휘

본문 83쪽

1 **민족(民族)**
- ☐ 다른 나라의 국적을 얻어 그 나라의 국민이 된 사람.
- ☑ 일정한 지역에서 오랜 세월 동안 공동생활을 하면서 언어 · 풍습 · 역사 등을 갖게 된 공동체.

2 **민속(民俗)**
- ☐ 예로부터 민중 사이에 불려 오던 전통적인 노래.
- ☑ 민간에서 오래전부터 전해져 내려오는 풍속이나 문화.

3 **민원(民願)**
- ☐ 백성의 마음.
- ☑ 주민이 행정 기관에게 원하는 바를 요구하는 일.

4 **원주민(原住民)**
- ☐ 아직 개척되지 않은 사회의 사람.
- ☑ 어떤 지역에 본디부터 살던 사람.

문제로 어휘力 높여요

본문 84쪽

1 민족

‘겨레’는 ‘같은 핏줄을 이어받은 사람.’을 뜻한다. ‘민족’은 ‘일정한 지역에서 오랜 세월 동안 공동생활을 하면서 언어·풍습·역사 등을 갖게 된 공동체.’를 뜻하므로, ‘겨레’와 뜻이 비슷하다.

2 민원

청소년들이 버스 운행 개선을 요구한다고 하였고, ‘주민이 행정 기관에게 원하는 바를 요구하는 일.’이라는 뜻을 지녔으므로, 빈칸에 알맞은 어휘는 ‘민원(民 백성 민, 願 원할 원)’이다.

3 민속

탈춤, 부채춤, 강강술래는 모두 우리나라의 전통 춤인 ‘민속춤’에 해당한다.
윷놀이, 사방치기, 연날리기는 모두 우리나라의 전통 놀이인 ‘민속놀이’에 해당한다.

4 ㉡

‘원주민’은 ‘어떤 지역에서 본디부터 살던 사람.’이라는 뜻이다. 그러므로 다른 곳에서 살다가 이곳으로 이주한 사람은 원주민이라고 할 수 없다.

글 쓰며 표현力 높여요

본문 85쪽

예시 우리 국민들은 흥이 많은 민족입니다. 명절이나 민속 행사에서는 여러 가지 민속 놀이를 하며 춤을 추고 노래를 부릅니다.

19 시장 시(市)

● '시장 시(市)'가 들어간 어휘

본문 87쪽

1	시장(市場)	[☐ 한 I ☑ 여러] 가지 상품을 사고파는 일정한 장소.
2	도시(都市)	일정한 지역의 정치 · 경제 · 문화의 중심이 되고, 사람이 [☑ 많이 I ☐ 적게] 사는 지역.
3	시내(市內)	도시의 [☑ 안 I ☐ 밖].
4	시청(市廳)	시(市)의 행정 사무를 맡아보는 [☑ 관청 I ☐ 사람].

문제로 어휘 力 높여요

본문 88쪽

1 시청

'시청'은 '시(市)의 행정 사무를 맡아보는 관청.'을 뜻하는 말로, 주민들의 불편한 점을 해결해 주는 역할도 하는 기관이다.

2 ①

'시장 시(市)'와 합쳐져 '도시의 안.'을 뜻하는 어휘가 되려면, 빈칸에는 '안 내(內)'가 들어가 '시내(市內)'가 되어야 한다.

3 ㉢

'시장'은 '여러 가지 상품을 사고파는 일정한 장소.'를 의미한다. ㉢에서 정치, 경제, 문화의 중심지라고 했으므로, '시장' 대신 '도시'가 들어가는 것이 적절하다.

4 ②

보기에서는 '소, 말, 닭, 돼지'를 포함하는 어휘로 '동물'이 제시되어 있다. 이처럼 '서울, 대전, 광주, 부산'을 포함하는 어휘로는 '일정한 지역의 정치·경제·문화의 중심이 되고, 사람이 많이 사는 지역.'을 뜻하는 '도시(都市)'가 적절하다.

글 쓰며 표현 力 높여요

본문 89쪽

예시 친구야. 내가 사는 도시에는 재미있는 행사가 많이 열려. 특히 시청 앞 광장에서는 우리가 참여할 수 있는 축제가 자주 열리니 꼭 같이 가 보자.

20 긴 장(長)

'긴 장(長)'이 들어간 어휘

본문 91쪽

1 **장화(長靴)**
- [x] 목이 길게 올라오는 신.
- [ ] 목이 짧아 발목 아래로 오는 구두.

2 **성장(成長)**
- [ ] 자라서 어른이 된 사람.
- [x] 사람이나 동식물 등이 자라서 점점 커짐.

3 **장점(長點)**
- [ ] 오래 하는 일.
- [x] 좋거나 잘하거나 나은 점.

4 **장수(長壽)**
- [x] 오래도록 삶.
- [ ] 오래도록 한 가지 일을 열심히 해 온 사람.

문제로 어휘力 높여요

본문 92쪽

1 短(짧을 단)

'長'은 '길다'를 뜻하고 '장'이라고 읽는다. 따라서 이와 뜻이 반대인 한자는 '短(짧을 단)'이다.

2 ②

'성장'은 사람이나 동식물 등이 자라서 점점 커진다는 뜻이므로, '자랐구나.'와 바꾸어 쓸 수 있다.

3 규칙적인 운동을 하면 건강하게 장수할 수 있다.

첫 번째 문장의 '장수(長 긴 장, 壽 목숨 수)'는 '오래 삶.'이라는 뜻이고, 두 번째 문장의 '장수(將 장수 장, 帥 장수 수)'는 '군사를 거느리는 우두머리.'라는 뜻이며, 세 번째 문장의 '장수'는 '장사하는 사람.'이라는 뜻의 어휘이다.

4 1 장화 2 장점

글 쓰며 표현力 높여요

본문 93쪽

예시 친구야. 얼굴이 안 좋아 보이는데, 나와 함께 스트레칭을 해 볼래? 스트레칭은 장시간 동안 앉아 있는 우리의 자세를 바로잡아 주고, 키 성장에도 매우 도움이 된다고 하더라고.

16~20 독해 / 놀이

독해로 마무리해요

본문 94쪽

1 서울

이 글은 서울이 조선의 중심지로서 중요한 역할을 하고, 전쟁의 아픔을 겪은 뒤에도 놀라운 속도로 성장하여 우리나라의 역사와 문화를 깊이 있게 담고 있다고 하였다.

2 ⑤

서울에 있는 것은 조선 시대의 궁궐이며, 이 글에서는 서울에 신라 시대의 궁궐이 있다는 내용은 확인할 수 없다.

놀이로 정리해요

본문 95쪽

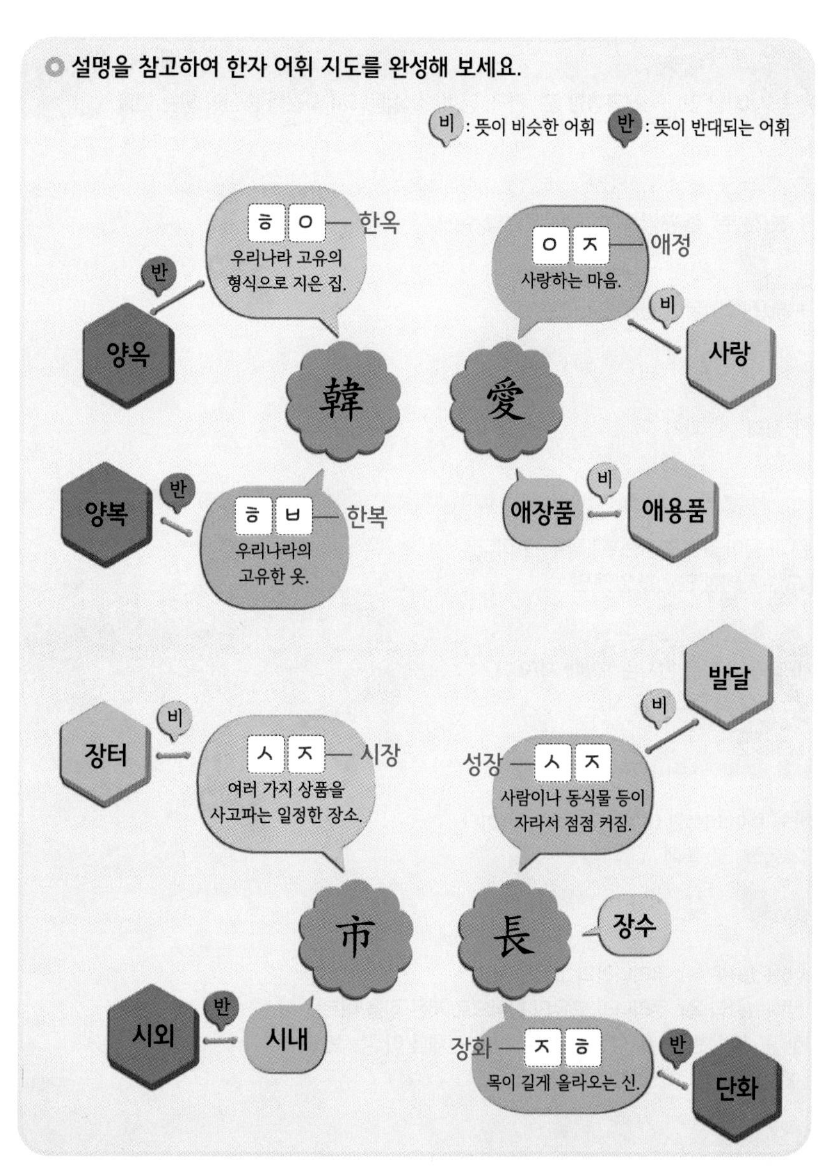

1
1 ④
① 日 ② 門 ③ 問
2 ③
① 直 ② 市 ④ 全

2
1 ③
① 입 구 ② 흰 백 ④ 같을 동
2 ④
① 마음 심 ② 참을 인 ③ 뜻 정

3
1 ②
世(세상 세) + 界(지경 계): 지구상의 모든 나라. 또는 인류 사회 전체.
2 ①
國(나라 국) + 語(말씀 어): 한 나라의 국민이 쓰는 말. 또는 우리나라의 언어.

4
1 ③
年(해 년) + 歲(해 세): '나이'의 높임말.
2 ④
主(주인 주) + 人(사람 인) + 公(공평할 공): 연극, 영화, 소설 등에서 사건의 중심이 되는 인물.

5
1 ①
個(낱 개) + 數(셈 수): 한 개씩 셀 수 있는 물건의 수.
2 ③
長(긴 장) + 靴(신 화): 목이 길게 올라오는 신.

6
①
② 유래 ③ 장래 ④ 과거

7
1 ③
'文(글월 문)'과 음이 같은 한자는 '問(물을 문)'이다.
① 어머니 모 ② 백성 민 ④ 일만 만
2 ②
'市(시장 시)'와 음이 같은 한자는 '時(때 시)'이다.
① 안 내 ③ 먹을 식 ④ 곧을 직

8
①
'電話(전화)'와 뜻이 비슷한 어휘는 '通話(통화)'이다.
② 수화 ③ 동화 ④ 통행

9
④
- 韓(나라 한) + 服(옷 복): 우리나라의 고유한 옷.
- 韓(나라 한) + 屋(집 옥): 우리나라 고유의 형식으로 지은 집을 이르는 말.
- 韓(나라 한) + 半(반 반) + 島(섬 도): 남북한 국토 전체를 이루는 반도.

① 날 일 ② 가운데 중 ③ 아름다울 미